ゆとりの

力を抜くこと、サボることを恐れない

美学。

前田健太

幻冬舎

2章 余裕を生み出すコミュニケーション……063

3章 勝利のためにやるべきこと

4章 前例がない、に怯えない

まえがき

僕は「ゆとり世代」です。

文部科学省が2002年に改正した学習指導要領《ようりょう》による学校教育を受けた、「1987年4月2日生まれから2004年4月1日生まれ」までがそれに該当《がいとう》するそうです。ということは、88年生まれの僕は「ど真ん中世代」と言えるようです。

このシステムは大人たちが作ったもので、実際にその世代の人たちは、当時、何が「ゆとり」か明確には理解していなかったと思います。他の世代同様に小学校に通い、そのシステムに則《のっと》った教育を先生から受けていただけなので、それ自体は当たり前のことでしかないからです。

僕自身もそうです。「自分はゆとりだ」という自覚はありませんし、特にPL学園時代は穏《おだ》やかな日常とはかけ離れた生活をしていたわけですから（苦笑）。周りからも「ゆとりっぽいね」なんて言われたことは一度もありません。

個人的な感情を述べさせていただくとすれば、自分は野球一筋《ひとすじ》で「野球の世界で勝ち残っていきたい」と精いっぱい、前へ進もうと努力してきました。野球に関しては妥協《だきょう》したことがありませんし、組織の秩序《ちつじょ》だって乱したことはありません。だから、

「88年生まれだからって『ゆとり世代』と一括《ひとくく》りにされたくない」という気持ちはあります。

ゆとりとは何なのか？
物事を損得《そんとく》で判断する。理不尽《りふじん》は受け付けない。協調性がない。言葉遣《づか》いなど社会的常識に欠けている……などでしょうか。正直よく分かりません。

目上の人たちからすれば、多分「近頃の若いもんは」となるのかもしれません。でもそれは今の30代以上の人たちだって、その上の世代から言われ続けてきたことでしょう。「ゆとり世代の象徴《しょうちょう》」とまとめられ、渋《しぶ》い表情をされてしまうのは一方的すぎるのではないかと。以前なら許されていたことが、現代では許されなくなった。「昔はこうだったのに」という感覚はいつの時代もあることでしょうし、仕方がないことなのかもしれませんが。

僕は緊張《きんちょう》もするし、不安にもなる。焦《あせ》るし、憂鬱《ゆううつ》になることだって多いタイプです。完璧《かんぺき》な人間ではありません。だからこそ、日々のルーティンなどを自分で設定し、絶対にやり通す。そうすることで、少しずつ心の中に「ゆとり」を作ってきました。

ＰＬ学園で初めて投げる。

プロで初めて投げる。

メジャーリーグで初めて投げる。


これまでの野球人生で、僕は様々な緊張を強《し》いられてきました。でも、そこで緊張はしつつも、どこか飄々《ひょうひょう》と投げてきたように思います。

前田健太にとって「ゆとり」とは、勝利に近づくための手段。自分のネガティブな要素を受け入れた上で、気持ちを前向きに、上向きに整えてくれるもの。

――と本書では偉《えら》そうに述べていますが、メジャーリーグに挑戦《ちょうせん》した２０１６年は本当に余裕がありませんでした。

ロサンゼルス・ドジャースとの契約目前にメディカルチェックで異常が発覚したことから始まり、チームにはほとんど知っている人がおらず、さらに英語も話せない……。野球でも初めての中４日の登板、ハイレベルなバッターたちとの対戦など、本当に初めてのことばかりで、自然と追い詰められていた部分もきっとあったでしょう。

でも、新たな経験もたくさん積めましたし、なにより今「去年の俺はいっぱい、いっぱいだったな」と自分でも理解しているからこそ、積み上げてきた経験をもとに、これから起きる一つひとつの物事に対して冷静に対処できるとも思えるのです。

今回、本を作るにあたって考えたのが、野球を通じて自分なりに構築《こうちく》してきたノウハウを一般の方に向けて提案してみたいということでした。

今は、インターネットやSNSの普及《ふきゅう》もあり、数多くの他人の目や、きつい重圧に晒《さら》されることが増えたように思います。そんななかで、結果を残すには「ゆとり」が大事だと思うのです。四字熟語で表現するとしたら、「泰然自若《たいぜんじじゃく》」という感じでしょうか。

「ゆとり」

言葉だけで捉《とら》えてしまえば、今の時代なら「やる気がない」とネガティブなイメージを持つ人も多いかもしれません。でも、本来「ゆとり」とは、「余裕がある」「窮屈《きゅうくつ》ではない」状態のこと。前向きなイメージが数多く含まれていると思っています。

僕自身、心に余白を持ちながら野球に取り組むことで、少なからず結果を残せてきたと断言《だんげん》できます。人間、24時間集中できるわけではありません。それなのに、集中し続けることにこだわってしまうと、無理や重圧《じゅうあつ》が生まれ、気持ちが下がり、勝利から遠ざかってしまうと思うのです。

本書では野球のことはもちろんですが、プライベートな部分も盛り込みながら僕の考えを伝えていきます。あまり肩ひじ張らず、「マエケンはこうやっているんだ」と、ゆるく構えて読んでいただけると嬉《うれ》しいです。

ゆとり世代と呼ばれる人たちには、本当の意味で「ゆとり＝余裕」を大切にしながら勝ち進むためのひとつの参考事例として、ゆとり世代と関わる先輩世代の方々には、若い世代の生き方のひとつのサンプルとして、参考にしていただければ幸いです。

前田健太

1章

常に、ゆとりを持ち続ける

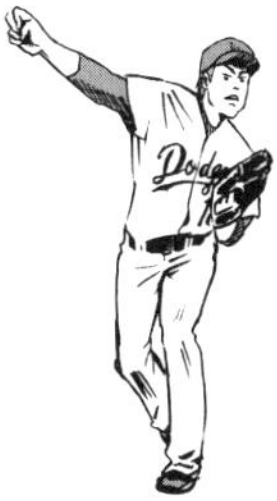

自分なりの型は、自分で見つけるしかない

僕は他人の真似《まね》をすることがあまり好きではありません。

野球経験者のなかには、子供の頃、指導者から「まずは上手な人の真似をするところから始めるといい」と教わった人も多いのではないでしょうか。ボールを投げる、打つ。野球のトップレベルであるプロ野球の、しかも一流選手のフォームを真似してみる。

それも上達するひとつの方法なのかもしれませんが、人間はそれぞれ身体《からだ》の大きさや関節の柔らかさなどが違います。今、野球少年が「マエケンのようになりたい」と思って無理やり、僕の真似をしてしまえば、故障に繋《つな》がりかねない。そういったリスクも理解しておかなければいけないと思います。

そもそも僕は、子供の頃から「真似をして本当にうまくなるのかな?」と感じていました。

ピッチングもバッティングも、自分の身体が動きやすい、プレーしやすい型を見つけることが、野球がうまくなる一番の近道だと信じてきました。続けていくうちに知識が増え、「もっと、こういう動きをしたほうがいいんじゃないか?」と動きを微調

整して型を進化させていく。その過程で迷ったりした時に、指導者やチームメイトなどの意見を取り入れればいいのだと思うのです。

誰かの真似をしない＝他人の意見を聞かない。

そういうわけではありません。いつも近くで僕のプレーを見ている人であれば、よくない点に気づいてくれるはず。だから、そういう人たちの助言は大事にしてきたつもりです。

ただ、僕は「単に前例に従ってばかりでうまくなるわけがない」という考えの持ち主です。

代表的な例を挙げれば、〝投げ込みをしないこと〟もそれにあたります。

子供の頃からずっとピッチャーをやってきているわけですから、投げるスタミナがないわけではありません。投げ込みをしたからといってスタミナが養《やしな》われるわけでもなく、むしろ、年齢を重ねるたびに肩は消耗《しょうもう》していくもの。

ピッチャーにとって投げる力と同じくらい投げ方も重要です。ピッチングフォームがしっかりしていれば、自分が思い描いたボールを投げることができる。だったら、ブルペンでは自分のフォームを思い出す程度に投げればいい。

「オフなどの休みで身体が忘れているかもしれない」。いいえ、そんなことはありません。20年以上もピッチャーを続けているわけですから、1か月程度休んだくらいで感覚がきれいさっぱりなくなるはずがありません。それは、これまでのパフォーマンスで証明しているつもりです。

ただし、難しいことがひとつあります。

それは、その考えをどのように表現していくかです。

指導者などと意見が異なる場合、立場によってはストレートに伝えられない時もあります。おそらく、多くの人は「若い時」にそう感じるのではないでしょうか。僕もプロ1年目がそうでした。

本当は投げ込みはしたくない。でも、入団していきなり「僕は投げません」とコーチの意見に背《そむ》いたら「前田は生意気《なまいき》なヤツだ」と思われてしまう。だから、最初のうちは投げ込みもしました。正直、ストレスは感じていましたし、投げ込みをすることで心に余裕がなくなっていった気もします。

では、どうしたのか？　答えは簡単です。それ以外のことを誰よりも一生懸命やる。

例えば、ランニングの量を増やす。タイムトライアルで必ず時間内に走り切るのは当たり前。可能な限りトップでゴールする。若い時期は、雑用《ざつよう》やグラウンド整備などもさせられますが、それも一切《いっさい》手を抜かない。

むしろ、そのほうが辛《つら》いんじゃないか？　と思われるかもしれませんが違います。僕にとっては投げ込みをすることのほうが圧倒的《あっとうてき》に嫌《いや》。そのせいで余裕がなくなり、他の練習にだって支障《ししょう》をきたしていた。そんな不安定で余裕のないまま過ごしていれば、結果だってついてこないと思うのです。

自分の信念に基づき正しく行動していれば、若手であっても上の人たちはその声に必ず耳を傾けてくれるものです。

なぜ投げ込みをしたくはないのか？

やるべきことをこなした上で、その理由をしっかり主張すれば、コーチも「分かった。じゃあ、自分の思うようにやってみろ」と言ってくれるようになる。もちろん主張するだけではダメで、しっかり結果を出さなければなりません。重圧もありますが、「投げ込みをしなくていい」という気持ちの余裕が本来のパフォーマンスを生んでくれる。そう信じてきたからこそ結果を残すことができたし、自己主張をしやすい環境を作れたのだと思っています。

猫をかぶることを恐れない

自己主張をしやすい環境を整えるためのもうひとつのテクニック（?・）。それは、時には「猫をかぶること」です。

若い頃から、投げ込みをしたくなかったと書きました。もちろん初めの頃は、投げ込み練習の指示を受けるのですが、そんな時、僕は「はい、分かりました！」と笑顔で返事をしていました。でもその裏で、実際は投げないことも多かった。そこは、選手の味方をしてくれるブルペンキャッチャーに球数《たまかず》をごまかしてもらっていました。

これがもし、「楽《らく》をしたい」だけの手抜きが理由だとしたら許されないでしょうが、前述《ぜんじゅつ》したように理由をはっきりブルペンキャッチャーに伝えていたので理解して協力してくれました。

他にもひとつ、困ったことを挙げるとするなら、それはプロ野球ＯＢの方たちからのアドバイスでした。

「もうちょっと、こうやって投げたほうがいいんじゃないか？」と、技術的な助言をよくいただきました。

本当に申し訳ないのですが、それらの意見も回避《かいひ》させていただいたことが多々あります。試してみると「やっぱり自分には合わないな」と違和感《いわかん》が残ることも多かったのです。もちろん、なかにはしっくりくるアドバイスもありましたが、どうしても合わない時には回避せざるを得ず……。でも、ＯＢの方たちだって僕によくなってもらおうと思っているからこそ、親切に言葉をかけてくださっています。それに対してわがままな言葉で即答してしまうのは、それこそ失礼です。相手の気分を害してでも我を通したいわけではないので、その場は笑顔でアドバイスをいったん受け取ります。

つまり、「猫をかぶることを恐れない」のです。

あまり肯定的《こうてい》な表現ではありませんが、僕から言わせれば最初は誰だってある意味猫をかぶっていると思います。

お互い相手のことを知らないわけですから、みんな「第一印象をよくしたい」と思うのは当たり前のこと。そこから互いのことを知っていき、打ち解けていくことで、だんだん自分の思っていることを話せるようになり、それをベースに信頼関係を築き、人間関係を深めていくはずなのです。

自分の主張と同様に、相手の気持ちも意識して考える余裕を持つことが大切なのだと思うのです。

サボることを恐れない

僕はどちらかというと要領がいいほうだと思っています。

言い方を換えればサボり上手。でもそれは、生き残っていくために欠かせない処世《しょせい》術《じゅつ》だと思うのです。

その能力（?）が養われたのはＰＬ学園時代でした。

詳しくは後述《こうじゅつ》しますが、ＰＬでの生活はとにかく厳しかった。明日よりも今日。今日よりも今をどうやって生き抜くか？ それしか考えられない時期がありました。「練習が終わったら」なんてささやかな妄想《もうそう》を支えになんとか練習を乗り切る日々。そんななかでもステップアップしていくためには、時間や余力を残す必要がありました。そのために身につけた、いいや、身につけなければいけなかったスキル。それが「サボる」ことでした。

例えば練習内容で言えば、ランニングが最も分かりやすいでしょう。

10本のランニングが課題であるとします。僕は走るのが得意です。走力にも自信がありま す。最初から飛ばしていけば、監督やコーチから「あいつは頑張《がんば》っているな」と初めは好印象を持たれるかもしれませんが、最後にビリでゴールしたら結局意味がない。だったら、最初は力を抜いて、ラスト3、4本で全力疾走《しっそう》をする。最後に帳尻《ちょうじり》を合わせて、好印象で終われるようにします。

学校の外周を走る際はもっと狡猾《こうかつ》でした。

まず、ここでは最初に全力で走ります。「あいつバカじゃないか？ 最初から飛ばしたら、最後に絶対バテるぞ」。そう思う部員もいたでしょうが、ご安心ください。同じコースを繰り返し走っている間に、近道できるルートを見つけてあります。後続の姿が見えないことを確認して自分だけ、ササッと近道へ。これで最初から最後までトップ。近道をしていたことは誰にもバレずに、悠々《ゆうゆう》とゴールできるわけです。

他にも、決められた時間を走り続けるメニューの場合。練習の締めくくりで行《おこな》うことが多かったのですが、ここは計算が肝心《かんじん》。ホームベースでちょうど終了時間がくるように走り切ります。部室はホームベースのすぐ近く。荷物を取りに行きやすく、無《む》駄《だ》な距離を走らなくて済むのです。

またある時には、タイム内に走り切れそうにない部員の背中を後ろから押し、サポートしているふりをして速度を緩《ゆる》めたり……。いろんな工夫をしていました。

「サボる」と言えば響《ひび》きはよくないですが、これも日ごろの生活に余裕を作るためであり、なにより試合でいいパフォーマンスを発揮《はっき》するためでもありました。

いつでもどこでも一生懸命。本来ならば、そういった立ち振る舞いをするのがベストかもしれません。でも、極限の状況下で、いつも全力だとどこかで身体が耐えられなくなる。特に試合になれば緊張感も増しますから、心に余計な負担がかかりやすい。

練習も大事ですが、試合で結果を出すために練習をしているわけですから、本番でいいパフォーマンスができなければ意味がありません。試合で結果を残せなくて監督の評価を下げるくらいなら、サボってでも試合に照準《しょうじゅん》を合わせて結果を残し、評価を高めたほうがいい。

目的は明確にしておく。

試合で活躍するためのゆとりを普段《ふだん》から作っておく。それが、僕にとってのサボることの意味なのです。

100%の準備をする必要はない

野球選手は、よく「引き出し」という言葉を用います。

実際に使用する技術、知識は常に出しておくけど、そうではない要素は切り捨てるのではなく「自分の引き出しの中にしまっておく」。そして、自分が行き詰まった時などに「そういえば、あれを試していなかったな」と、ストックしていたものから引き出す。それが功を奏《そう》する場合もあります。

僕自身、「常に100%」という考えが好きではありません。

「これで完璧」と試合やシーズンに臨《のぞ》み、もし結果が出なければ「しっかり準備してきたのになんで……」と落ち込んでしまうのが嫌だから。100%の態勢《たいせい》なのに結果が出ない場合、心にゆとりがなくなり、焦って、対処法が見つからなくなってしまう。僕は、それこそ無駄な準備だと思ってしまうのです。

そういう状況に陥《おちい》らないためにも、80%程度に留《とど》めておく。

ダメだった場合、行き詰まった時、新しい要素を取り入れるためのスペースを常に残しておく。そこに、引き出しにしまっておいた要素を出し入れして替えていけばいいし、第三者の意見などを新たに取り入れてもいい。

用意周到《しゅうとう》もいいことでしょうが、それをやりすぎてしまうと余計に周りが見えなくなってしまう可能性がある。

柔軟《じゅうなん》に対処できるように、常に余裕を作っておくことが大切だと思うのです。

ルーティンが〝無の境地〟を作り出す

何をもって「無駄」と呼ぶのか。そこには、物差《ものさ》しがあるようでないような気がしています。人によって無駄の定義はそれぞれ。僕はそう認識しています。

僕には登板前日からマウンドに上がる直前まで、細かいルーティンがあります。

代表的なものだけでも20以上。細かいところまで挙げれば50以上存在します。人から見れば無駄なものばかり。でも、僕にとっては試合で勝つために必要なものなのです。野球自体で言うなら、ピッチングフォームのチェックポイント。腕の振り方、下半身の使い方など、僕は様々な項目を細かく気にします。「そこまで意識しなくてもしっかりボールを投げることができるんじゃないか?」と言われればそうなのかもしれませんが。

16年にロサンゼルス・ドジャースに移籍《いせき》してからも、若干《じゃっかん》の変更はあるものの基本的なルーティンは変わっていません。

前日にコーヒーを買うことから始まり、マウンドに上がりグローブで右肩を叩《たた》き1球目を投げるまで、自分で決めたルーティンに則って行動します。

僕は本来、試合前には不安を感じる人間です。僕にとってルーティンとは、淡々《たんたん》とこなしていくことで、リズムを整え、心にゆとりを作る作業。ルーティンをこなしていくことで、試合のことを考えて力が入りすぎたり、不安で眠れないといったギリギリの緊張感から自分を解放していきます。

このルーティンを行う上での最大のポイントは、一度開始したら、ゆとりを排除《はいじょ》すること。

「矛盾《むじゅん》していないか？」と感じる方もいるでしょうが、ここが重要なのです。

ルーティンをゆっくり消化していると、余計なことを考えてしまう可能性が生まれるのです。次の行動に移る間に「今日、抑えられるかな……」と、僕の心に不安の種が植え付けられてしまい、テンションは一気に下がる。そんなネガティブな隙《すき》を作りたくないのです。

僕は、緊張や不安を抱くと同時に、結構《けっこう》焦る人間でもあります。それを自分で受け入れているからこそ、ルーティンに意識を向け、淡々とこなしていこうと考えるのです。


16年にメジャー初シーズンを迎えた当初、その緊張と不安はピークに達していました。

開幕戦でクレイトン・カーショウ投手が投げる。メジャーリーグの球場の雰囲気《ふんいき》にも圧倒されました。

「やっぱ、メジャーってすごいな」。一方で「次の次の試合で、俺、投げるんだ……」という不安が脳裏《のうり》をよぎり、テンションが下がる。

翌日の試合でスコット・カズミアーが投げている姿を見ながら「いよいよ、明日は俺か」と気分が下がる。

登板前日の試合が終わり、ルーティンをこなすことで不安は徐々《じょじょ》になくなっていき、マウンドに向かっていく気持ちになります。でも、朝に目が覚めると「よし！ 今日は登板だ」とは思いません。「あぁ……俺に回ってきてしまった」となります。毎回、嫌な気分で目が覚めます（苦笑）。だから、そこから淡々とルーティンをこなしていくことが大事なのです。

朝の起床時間になるとパッと起きる。多くの人は、ベッドや布団《ふとん》の上でしばらくボーッとする時間があるかもしれませんが、僕はそこから次のルーティンに瞬時《しゅんじ》に移ります。シャワーを浴びて、ご飯を食べ、着替えてテンポよく家を出る。

実際のところ、バタバタすることもあり、予定していた時間よりも2、3分、いや5分遅れなんてことも（笑）。

それでも、余裕を持って動き出し、家を出る前に「あと10分ゆっくりできるな」という状況になってしまうと、いつもと違う行動をとってしまいルーティンが乱れてしまうかもしれない。登板日はデーゲームであれナイターであれ何度も経験していますから、逆算しやすいので、ギリギリに時間を設定して、淡々とルーティンをこなすことだけに集中したほうが、心に余裕が生まれるのです。

大事なのは、時間的なゆとりではなく、心のゆとり。「ルーティンをこなしたから、今日もきっといいピッチングができる」という気持ちなのです。

ルーティンが心を整理する

強く意識はしていませんでしたが、昔からルーティンのようなものはありました。といっても「服をしっかりたたむ」くらいで、今のように多くはありませんでした。ルーティンが自分のメンタルに大きく影響すると感じたのは、2年目の08年に達成したプロ初勝利からです。

6月18日、広島市民球場で行われた北海道日本ハムファイターズとのセパ交流戦。僕にとって、一軍での4試合目の登板で、7回までノーヒットピッチングという、今考えたら最高のパフォーマンスでした。とはいっても、当時はそこまで考える余裕がなくて「ヒットを打たれても、とにかく0点に抑えて勝ちたい！」としか思えませんでした。結果的に8回を2安打無失点に抑え、プロ初勝利。ヒーローインタビューで「初めまして、前田健太です」と初々《ういうい》しく（笑）自己紹介したのもいい思い出です。これで、少しはファンのみなさんに名前を憶《おぼ》えてもらえたのかな、と安心しました。

「できれば、初勝利の勢いに乗りたい」

次の登板の前日。前回の試合を振り返る過程で、ある思いが脳裏をよぎりました。

「初勝利の登板前に、俺、何をしたかな？」

そうだ。ヨーグルトとコーヒー、チョコレート、グミを買ったんだ——。

その時は「これを買おう」「身体にいいものを」なんて考えもせず、無意識に買っていただけでしたが、自然と「それを買って1勝できたんだから、いいリズムなのかも。同じリズムで次の試合に臨もう」と、前回と同じものを購入《こうにゅう》しました。

すると、27日の読売ジャイアンツ戦でも7回1失点と2試合連続で勝利を収めることができたのです。

「これはもう、続けるしかない」。前田健太がルーティンを意識するようになったのは、まさにこの時でした。

勝負の世界ですし、野球は相手があってのものですから、ルーティンを作ったからといって毎試合勝てるわけではありません。それでも、2年目ながら9勝2敗とまずまずの成績を残すことができた。ルーティンを築《きず》くことで心の整理をすることができたのも、大きな要因だったと思ったのです。

不自然なルーティンは必要ない

ルーティンはプロ2年目から徐々に増えていきました。現在の要素が固まるまでに、例えば「グローブで右肩を叩く」など行動を変えたものもありますが、原則として大《おお》幅《はば》な入れ替えはしないようにしています。

それはやはり、自分の培ってきたペースを乱したくないから。

シーズン中に1か月、2か月と長期間、勝てない時期が続けば「思い切って変えてみるのもいいかな？」と決断を下《くだ》すこともありますが、一度ルーティンを決めたら1年間は続ける。そして、シーズンオフに自分のピッチングを振り返りながら「このルーティンは他のものに変えたほうがいいかな？」と思えば変更します。

一度決定してしまえば、あとは不安なくオープン戦から自分らしく戦っていくことができます。

僕にとってルーティンとは、緊張や不安を打ち消すために必要な儀式《ぎしき》。無理やり「これを入れないと」といった具合《ぐあい》に決めることはありません。日常生活からプレーに移る瞬間まで、ごく自然にできそうなものしか選びません。

詳しくは後述しますが、カープ時代にオレンジジュースを数口飲むようになったように、「そういえば、これっていつの間にかやっているな」というレベルの行動。そこが重要なのです。

身体のケアなど専門知識がない部分に関しては、トレーナーさんの施術《せじゅつ》からいいものをチョイスすることもありますが、それについても自然な流れで決めています。

人間は基本的に、同じことを繰り返しながら生活しています。学生さんなら登校時間、社会人ならば始業《しぎょう》時間があったりと、生活していくなかで身体が日々の行動を覚えていきます。そして、自然と習慣になっていきます。「いつもやっているから」程度の行為のはず。僕のルーティンも似たようなものなのです。

ただ、他の方たちと違うとすれば、僕のような先発ピッチャーは、日本ならば「中6日」、メジャーリーグならば「中4日」で登板するように、数日に一度はいつもと違う大仕事《おおしごと》をすることでしょうか。

先発ピッチャーにとってその日は、プロ野球人生を左右する大事な1日。そこに気持ちよく向かうために、ある程度の決めごとを設けたほうが入り込みやすいわけです。

もしかしたら、始業時間が決まっていない仕事に就《つ》いている方や、僕のように週に一度は結果を出さないといけないような、プレッシャーのかかる仕事をしている方たちは、そこに照準を合わせたルーティンを作ってみるのもいいかもしれませんね。ただし、あくまでも自然な形で。

「そういえば、結果を出した時にこれをやっていたな」程度でいいかと思います。

マエケン流ルーティン2016年版

ドジャースへの移籍が決まった時から、「アメリカでは日本と同じルーティンを続けるのは難しいだろうな」と思っていました。

試合の開始時間が違えば、施設も変わる。なので、最初は日本のものをベースに進め、続けられそうなものは続けて、できないものは潔《いさぎよ》く省《はぶ》こうと割り切りました。

シーズンが始まる頃にはだいぶ固めることができたので、広島東洋カープ時代同様、ゆとりを持ってスムーズに登板を迎えられるようになりました。

カープ時代とそんなに大差《たいさ》がなかったアメリカでのルーティン。本当はもっと細かい要素もありますが、ここでは自分にとってより重要な項目を紹介します。

① コーヒーを買う

ロサンゼルスにもコンビニはありますが、日本と比べると圧倒的に少ない。その代わり、コーヒーショップは自宅周辺でも100メートルおきくらいにあるので、アメリカでは「コーヒーを買う」が最初のルーティンになりました。

② 晩ご飯を食べる

カープ時代と同じようにメニューにこだわりはありません。ただし、遠征《えんせい》先では必ず和食を食べたい。他のジャンルだからといって

ピッチングに支障をきたすわけではありませんが、おいしい和食が食べられると心が落ち着きます。

③ お風呂

前日の夜は20～30分と比較的長く湯船《ゆぶね》に浸《つ》かります。スマホで自分のブログなどをチェックしながら、心と身体を癒《いや》します。

④ ヒゲを剃る

カープ時代の初期は翌朝にヒゲを剃《そ》っていたのですが、「早く次のことをやらないと」と焦るあまり肌を切ってしまうことが多かったので、前日の夜に変更。カミソリは電動ではなくT字を使います。

⑤ ストレッチ、治療

カープ時代は軽いストレッチだけでしたが、メジャーリーグは試合日程や登板間隔《かんかく》など肉体的にも疲労がたまりやすいと思っていたので、超音波《ちょうおんぱ》の治療《ちりょう》器具を購入しました。翌日の相手チームのデー

タを確認しながら治療します。

⑥ 相手チームのデータ整理

メジャーリーグでは初めて対戦する相手ばかりで、チーム数も多い。データ量も膨大《ぼうだい》なので、アメリカに来てから、登板前日にはノートにまとめるようになりました。

⑦ 同じパジャマ、下着を着て就寝

基本スタイルはTシャツに短パンです。寒い時期はロンTに替えます。その年によって着るものは買い替えますが、上が白で下は黒が多いです。

⑧ 7時間半前に起床

メジャーリーグのナイターは日本よりも1時間遅い19時試合開始が多いので、11時半に起床します。約7時間半の睡眠をとります。

⑨ 昼食

デーゲームであれば「朝食」になります。ホームでの試合の場合、メニューは、15年と同様で16年も妻、早穂《さほ》の手作りの「豚肉のあんかけ丼」でした。なぜか、これに慣れてしまいました。

⑩ お風呂、トイレ掃除

お風呂は浴槽《よくそう》を中心に、トイレは便座や床などをさーっと拭《ふ》く程度で、5分もあれば終わります。

⑪ 布団、パジャマをたたむ

「服をたたむ」という行動は学生時代からの習慣でしたから、その流れで布団とパジャマもしっかりたたんでいます。

⑫ 同じ服装で自宅を出る

ロサンゼルスは暖かいので、春先でも白いTシャツにジーンズを着用します。16年のシーズンオフからロジェ・デュブイさんのグロ

ーバルアンバサダーを務めさせていただいているので、この時計は欠かせませんね。白と青を基調《きちょう》とした「ドジャースカラー」なので、身につけるだけでテンションが上がります。

⑬ 同じルートで球場へ向かう

アメリカでは自家用車での通勤になったので、同じルートを自分で車を運転して球場へ向かいます。通常で30分。渋滞《じゅうたい》していれば1時間ほどかかります。

⑭ 車内で最後の1曲を決める

ホームでの試合限定のルーティンです。16年のオープン戦の期間はベリーグッドマンさんの『ありがとう〜旅立ちの声〜』を聴いていましたが、シーズンが進むにつれ「最後の曲は縁起《えんぎ》がいいものを」ということで、アーティストにこだわらず、例えば〈ヒーロー〉のようなキーワードが入ったタイトルの曲を聴くようになりました。

⑮ 球場のお風呂に入る

移動に時間がかかるようになったため、「運転している間に身体が固まってしまうのは嫌だな」と、アメリカでは球場のお風呂に入るようになりました。

⑯ ミーティング

デーブ・ロバーツ監督、リック・ハニーカット投手コーチ、ヤズマニ・グランダルなどその日にバッテリーを組むキャッチャーと最終確認を行います。

⑰ そば、おにぎりを食べる

ドジャースはクラブハウスで自分が食べたいメニューをリクエストできるのですが、あいにく日本で食べていたうどんと稲荷《いなり》ずしは用意できないようなので、ざるそばを。あとは自宅から持ってきた塩と鮭《さけ》のおにぎりを食べます。おにぎりの具材は鮭しか食べられないんです……。

⑱ 着替えてトレーナーとストレッチ

カープ時代同様、ユニフォームに着替えてから入念《にゅうねん》に身体をほぐします。その後のウォーミングアップなどは、メジャーリーグの場合、チーム全体ではなく個人でするものなのでしっかりと行います。

⑲ 左側のブルペンで投球練習

ウォーミングアップと遠投をしてから投球練習に入ります。カープの本拠地マツダスタジアムのブルペンは3か所なので、自分が一番落ち着いて投げられる真ん中が必須《ひっす》でしたが、ドジャースタジアムのブルペンは2か所しかないので左側を使用します。球数は原則25球。その日の状態によって「ピッチングフォームをもう少しチェックしたいな」と思えば増えることもあります。

⑳ ベンチで監督、コーチ、選手とハイタッチ

メジャーリーグでは選手によってハイタッチのやり方が違います。エイドリアン・ゴンザレス内野手なら「マエケン体操」をしながらやったり、日本のマンガが好きな選手であれば『ドラゴンボール』の技の真似をしたり。「この選手の場合はこれ」というのが決まっているので面白《おもしろ》い。チーム全体が自分を盛り上げてくれるので、とてもいい精神状態でマウンドに上がることができます。

㉑ マエケン体操

PL学園時代にトレーニングの指導をしてくれた荒木《あらき》和樹《かずき》さんから教わった体操です。当時、少し肩を痛めていた時期に「キャッチボール前の準備としてやったほうがいいよ」と言われて以来、ずっと続けています。

メジャーリーグの球場は日本と違い、ブルペンが離れた場所にあり、そこで体操してからだとすぐに投げられないので、アメリカではベンチの中でやります。しっかり準備しておかないと、いざマウンドで投げる際に自分がちゃんと使いたい部位が動かせなくなるの

で。もちろん、それをすることで怪我《けが》の防止にも繫がります。

㉒ ファウルラインを左足でまたぐ

これもカープ時代同様、ベンチの階段を上る時からラインをまたぐ時まで「初めの一歩」は全て左足からです。

㉓ 右手で胸に触れ、目を閉じる

高校時代から続けていることで「このイニングをよろしくお願いします」というように、心の中で野球の神様にお願いしています。プロ野球選手になった以上は「自分のスタイルを築きたい」と思っていたので、野球少年たちが見て「マエケンだ」とすぐに分かってもらいたいという狙《ねら》いもあります。

㉔ グローブで右肩を叩く

これはプロに入ってから取り入れた要素です。イチローさんの打席に入る前のルーティンのように「マウンドでの動作があれば、み

んなに憶えてもらいやすいな」という理由もあります。「右手を胸に当てる」ところから、一連の動作をアメリカのファンにも幅広く認知されるように、今後はもっと活躍しないといけませんね。

安心感を優先する

メジャーリーグ1年目。移動や試合数の多さなどと同じくらい多かった質問が「中4日での登板」に関してでした。

日本では先発ピッチャーが投げるのは中6日、1週間に1回の登板が基本的なサイクルです。僕自身、9年間のプロ野球生活でそのスタイルに慣れていたこともありますが、アメリカでの中4日の登板間隔に対応するのは、やはり骨が折れました。

単純に疲れが取れない。

カープ時代は、試合後に球場でトレーナーさんからマッサージを受けるくらいで、それ以外は基本的に、身体のケアより次の登板に向けた練習などコンディショニングを重視していました。

「今のままじゃダメだ。身体のケアにも力を注いでいかないと」

トレーナーさんの施術で疲れが完全に取り除けないのであれば、ひとりでいる時間にもケアをしないといけない——。そこで、超音波の電気治療器具を購入しました。毎日、右ひじなど疲れが残っている部位にそれを当てて、1時間から2時間、治療するようになりました。自分でできることは自分で補《おぎな》っていったほうがいい。ルーティンに取り入れるようになったのは、必然と言えば必然でした。

そのおかげで7月に入った頃には、身体に疲れが残らなくなり、中4日の登板もそれなりにこなせるようになってきました。それはやはり、ルーティンとして器具による自己治療を導入《どうにゅう》したことが一番の要因じゃないかな、と思っています。

治療時間を設けたことで、少なからず弊害《へいがい》は生じてきます。大きなところで言えば睡眠時間が削《けず》られること。

睡眠は本当に大事なんです。しっかり寝ないと疲れが残りますから、本末転倒《ほんまつてんとう》に。寝る時間が迫っている。最低でも7時間は睡眠時間を確保したい。でも「治療すると寝る時間が足りないな」。そんな時は2時間の治療を1時間で切り上げます。

ここで大切なのは「治療というルーティン」をこなしたという事実。その安心感があれば疲れも取れると信じています。今では、超音波治療はやらないと気が済まないくらいの、大事なルーティンのひとつです。

結果が余裕を作る

16年4月6日、サンディエゴ・パドレス戦で僕はメジャーリーグ初登板初勝利を飾ることができました。

スタジアムのマウンドに立った時、「緊張するだろうな」と思っていたはずが、不《ふ》思《し》議《ぎ》と緊張感がなく冷静に投げることができました。6回を投げ5安打無失点。しかも、デビュー戦でホームランを打つという、ものすごいおまけ付きでの勝利。

嬉しかったというよりもホッとしました。

日本で結果を出せるようになってからは、開幕投手に任命《にんめい》されても緊張感以上に「何かしてやろう」と貪欲《どんよく》になれたものですが、メジャーリーグ初登板の試合ではそんな欲は一切ありませんでした。

どんなピッチング内容だったとしても、ほとんど周囲にインパクトを残せなくても、「1勝目」という記録だけが欲しかったのです。

僕の性格がそう思わせたのかもしれませんけど、あの時は自然と「初登板で勝利を逃《のが》したら、しばらく勝てないんじゃないか？　打たれてしまったら、このままズルズルといってしまうんじゃないか」といつも以上に不安でした。

初めてのメジャーリーグの舞台《ぶたい》。未知の世界。そういった状況も当然ありましたが、「とにかく、早く勝って楽になりたい」。これが率直な心情であり、メジャーリーグに挑戦して最初の大きな目標でもありました。

前年のシーズンオフにポスティングシステムでのメジャーリーグ挑戦を表明し、メディカルチェックで異常が見つかったものの、ドジャースと契約してもらうことができた。日本では9年で97勝。沢村賞などの投手タイトルも何度か獲《と》らせてもらいましたから、日本のメディアには大きく取り上げていただきました。

渡米《とべい》後も春季キャンプでのトレーニングや、オープン戦で投げれば新聞やテレビなどで取り上げてもらい、それなりの話題性はあったかと思います。

でも、それは日本国内だけのこと。アメリカのメディアやファンからも最初から歓迎されたのかと言われれば、そうでもありませんでした。

確かに、近年ならばシアトル・マリナーズのクマさん（岩隈久志《いわくまひさし》）やテキサス・レンジャーズのダルさん（ダルビッシュ有《ゆう》）、ニューヨーク・ヤンキースの（田中）将大《まさひろ》と、日本人投手が結果を残していますから「ケンタ・マエダもそこそこやるのだろう」くらいには思われていたかもしれませんが、せいぜいその程度です。

考えてもみてください。メジャーリーグでものすごい実績を残した選手が、来日したとしましょう。スポーツ新聞など特定の媒体《ばいたい》であれば、それなりに大きく紹介されるかもしれませんが、チームのファンからすれば「すごい選手がくるんだ。優勝できるな」くらいで、その選手目当てに球場へ足を運ぶ人は実はあまり多くないと思います。

別に拍手喝采《はくしゅかっさい》で大歓迎を受けなかったことが悲しかったわけではなく、アメリカでもそれが当たり前なのです。でも、せっかく満《まん》を持《じ》してメジャーリーグに挑戦するのだから、ロサンゼルスのファンに早く名前を憶えてもらいたい。

「ここで結果を出さないと、アメリカに来た意味がない」

16年は、その一心で投げ続けたと言ってもいいくらいです。おかげさまで、デビュー戦は運よくインパクトを与えることができましたし、シーズン通しても16勝できましたから、入団当初に比べたら「ケンタ・マエダ」の名前はロサンゼルスに浸透《しんとう》したんじゃないかな、と思っています。

2割、力を抜くことで答えが見つかった

記憶に残る1球があります。今思い返してもそれまで体感したことがない不思議な

感覚でした。

10年4月8日、神宮球場で行われたヤクルト戦のことです。3回、1アウト一塁で田中浩康《ひろやす》さん（現横浜DeNAベイスターズ）を打席に迎え、2ストライクと追い込んでの僕の狙いはこうでした。

「力を抜いて投げよう。外角の低めに8割くらいの力でしっかり投げよう。それでヒットを打たれたら仕方ない」

もっと極端に言えば「打ってください」と投げたかもしれません。

田中さんはしぶといバッターですから、2ストライクに追い込んでからファウルなどで粘《ねば》られて球数が増えるのは避けたい。それならば、いっそのことヒットを打ってもらい、次のバッターで勝負をしたほうがいいんじゃないか——。多分、そんなことも考えていたかと思います。

それが、自分でも驚くくらいの素晴《すば》らしいボールを投げることができたのです。

「え？」

自分で投げたボールなのに、一瞬、自分を疑ってしまうような。少し技術的なことを言えば、腕の振り、リリースポイント、ボールの回転など、全てが完璧と言えるくらいのボールだったのです。

それまでの僕は「打たれたくない」「スピードのあるボールを投げたい」という一心で目いっぱい力を入れて投げていました。だから、実際に8割程度の力で投げたボールがあんなに素晴らしいものだとにわかには信じがたかったのです。

「もう1球、試してみよう」

その試合では、田中さんに投げた感覚を確かめながら投球してみると、何球でも投げられた。8回を投げて無失点で勝利投手。自分でも納得《なっとく》のパフォーマンスでした。

アスリートが試合のなかで、飛躍《ひやく》のきっかけを摑《つか》むことは珍《めずら》しくありません。僕にとってそれが、まさにあの試合でした。

10年は僕自身、初の2桁勝利となる15勝を挙げ、沢村賞にも選ばれました。あの1

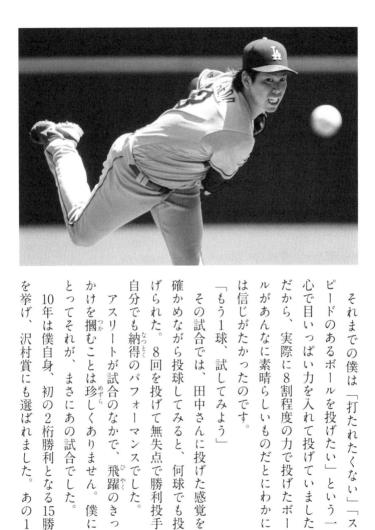

球がなければきっと、そこまでの成績は収められなかったと思います。

田中浩康さんへ投げた1球は、まさに余裕の産物。

時には力を抜くことが必要なのだと証明されたような1球。

ピッチャーの悪いボールを表す言葉のひとつに「置きに行く」という表現があります。コントロール重視で力がないボールを指すのですが、僕はそれを意識することで最高の手ごたえを掴むことができたわけですから、それも悪いことばかりじゃないんだなと感じました。

貯金→保険→ゆとり

初めに誤解がないように説明すると、高い給料を貰《もら》っているからといって散財《さんざい》したり、浪費《ろうひ》するわけではありません。「一般的な金銭《きんせん》感覚を忘れないように」と心がけています。

それは、昔から意識していたことでもありました。

カープと契約した際に貰える数千万円という契約金にも手を付けませんでしたし、

プロ2年目までの年俸《ねんぽう》は800万円。高卒の給料から言えば破格《はかく》でしょうが、僕は月5万円で生活していました。

当時は寮生活だったので、住まいや食事代など大まかな生活費が月の給料から天引《てんび》きされていたため、計算しやすかった面もありますが、自分自身では「お小遣い」の感覚で、残りは貯金に回していました。

子供の頃からの夢で、「成功したい」という目標はあったにせよ、実際問題、今後の僕の人生を保証してくれる人なんて誰もいません。何かトラブルに見舞《みま》われ、プロ野球選手の道が絶《た》たれる可能性もあるわけですから、もしもの保険と言いますか「先立つものを作っていかないと」と考えていました。

とはいえ、現実の「5万円生活」は結構しんどかったです。ケータイの通話料とか生活に必要なお金を支払ってしまうとすぐになくなってしまう。

買い物などに行くと「このTシャツ欲しいな。うわ！ 3万もするのか……。これ買ったらやべぇな」と購入を諦《あきら》めることなんて日常茶飯事《さはんじ》でした。

3年目から年俸が2500万円と大幅にアップしましたが、それでも金銭感覚は変わらなかったかと思います。おかげさまで退寮《たいりょう》して独《ひと》り暮らしを始める際には貯金が役立ちました。

人によっては「貯金なんてしても、使わなければ意味がない」と言うかもしれません。でも、僕にとって貯金とは文字通り保険です。「貯金しているから大丈夫」。その安心感が、日々の生活にゆとりをもたらしてくれると思っています。限られた金額で生活するのはしんどいですけどね（笑）。

苦手なことは、得意な人に任せる

シーズンオフにバラエティ番組に出させてもらった時のことです。

僕の年俸が紹介された（されてしまった）際に「あれ？　俺って本当にこの金額を貰えるんだっけな？」と不思議に思いました。

インセンティブ（出来高《できだか》）での契約だったため、登板試合数、投球回数など球団が設けた基準をクリアすればするだけ基本給に報酬《ほうしゅう》が上積みされ年俸はアップする。だけど、シーズン中の僕は、インセンティブの対象外である勝利数と防御率にしかこだわっていませんでした。とにかく失点を少なく、多くの勝ち星を手に入れたい。その一心で投げ続けてきたので、基準をクリアできていても実感がなかったというのが正直なところでした。

日本のプロ野球選手は毎年シーズンオフの契約更改交渉《こうかいこうしょう》で推定年俸が公開されます

し、メジャーリーグでも僕の場合は年俸とインセンティブでの報酬金額が報道されましたから隠しても意味がない（苦笑）。だから、僕がどれだけの金額をいただいたかは、本書ではあえて触れませんが、十分な対価《たいか》をいただきました。

一方、大変なのがお金の管理です。

シーズンオフになると、選手は税理士《ぜいりし》さんに確定申告書《かくていしんこくしょ》を作成してもらうわけですが、ここまで本書を読んでいただいた方なら多分お分かりになるでしょう。僕にとってそれは「面倒《めんどう》くさい」作業であります（苦笑）。

「オフなのに領収書を整理して、税理士さんと一つひとつ収支を確認し合うなんて……そんなやり取りきついわ」。これが、偽《いつわ》らざる本心です。

カープ時代から「自分でやるよ」という選手も少なからずいて、「よく、お金の管理まで自分でできるな」と感心したものですが、僕は当然のように妻任せです（すみません……）。いくら妻からであっても「自分でやってよ」と言われたら「嫌だ！」と断ります（笑）。実際に言われたことはありませんが。

それはきっと、僕なりに節度《せつど》あるお金の使い方をしているからだと思っています。車や時計など、一般的に高価と言われる物に関しては、それなりに出費して購入する

 こともありますが、そういった場合には妻に必ず相談しますしね。たまに、洋服を衝動買《しょうどうが》いして「それ、いつ買ったの？　いくらしたの？」と聞かれることもあります。「いやいや。前から着ているよ。言わなかったっけ？」と、とぼけたりもしますけど……。これは、ご愛嬌《あいきょう》として許してもらえれば。

ただ、普段の生活では誰かと食事をしても大金《たいきん》を使うことはありませんし、クレジットカードも持っていますけど頻繁《ひんぱん》に高い買い物をするわけではありません。それ以上のお金の管理は苦手で、自分には絶対にできないことだし、野球に支障をきたしそうなので全て妻に。かなり大変な作業だと思うので、本当に感謝しています。

苦手なことが多い僕ではありますが、妻のおかげで克服《こくふく》できたことも多々あります。代表的な例を挙げれば、食べ物の好き嫌いが格段《かくだん》に減ったことです。

結婚するまでの僕は野菜が全般的に苦手で、特に和食のコース料理は大嫌いでした。野菜も多いし、小皿にちょこちょこ出てくるスタイルも馴染《なじ》めませんでした。だから、独身時代はチェーン店で外食したり、後輩たちと好きなものを食べに行ったり。飲み物にしても、僕はお酒を飲みませんがジュースは大好き。自宅の冷蔵庫にはコーラとか自分が飲みたいものしか入っていなかった。「家で水を飲むなんて考えられない」

と思っていたくらいです。

それが、早穂との結婚を境《さかい》に一変《いっぺん》しました。というよりも、彼女がかなり努力をして僕を変えてくれたんです。

結婚する前から「食生活アドバイザー」や「ジュニア野菜ソムリエ」の資格は取得《しゅとく》していたと思いますが、僕と出会ったことで、新《あら》たに「ジュニア・アスリートフードマイスター」の資格も取ってくれた。「野菜嫌い」なことを知っているから、サラダを出す際は僕の好きなドレッシングにしてくれたりと、苦手な食べ物をうまくアレンジして調理してくれたので、次第《しだい》に身体が受け入れるようになっていきました。

今も進んでは食べないトマトも「じゃあ、負けた日に食べようか」と、そのあたりの誘導《ゆうどう》の仕方も彼女はとても上手で……うまく乗せられてしまいました（笑）。

試合直前のルーティンご飯も、消化や栄養を考えて、その年の目標に合わせて候補《こうほ》を考えてくれているようです。その巧《たく》みな技の詳細は彼女の『前田家の食卓。食べて体を整えるレシピ』というレシピ本でどうぞ……（笑）。

こうした妻の「無理をさせない」スタンスが、僕を食に対して前向きにさせてくれたのは間違いありません。彼女と生活していくうちに、自然と「身体に悪いものを食べる理由が見つからない」と思うようになり、おかげで今では和食のコース料理が大好きになりました。自宅の冷蔵庫には水とお茶、炭酸水くらいしか入っていません。同級生と食事に行ってサラダを食べていると、「お前、野菜食えんの？」とびっくりされますから（笑）。

「やっぱり、家族の助けがないと俺はダメだな」

弱い自分を認めているからこそ、潔く勝負できる。妻、そして娘。僕についてきてくれる家族には本当に「感謝」のひと言に尽きます。

客観視してもらうことが余裕を生む

困ったら石原さん――。

これは、僕のカープ時代の鉄則《てつそく》のようなものでした。試合前、試合中など自分がどういうスタイルで投げていけばいいか迷ったら、必ずキャッチャーの石原慶幸《よしゆき》さんに意見を求める。そうすると、落ち着いてマウンドで投げることができました。

レギュラーの石原さんとバッテリーを組むようになったのは、僕が先発として投げさせてもらうようになった08年からです。当時の自分は20歳で石原さんは28歳。もう、大先輩です。だから、最初のほうは「とにかく石原さんのリードについていこう」と集中することに必死でした。

石原さんは本当に頼りになる存在でした。若い僕の意見をしっかりと聞いてくれるし、それをベースに試合を組み立ててもくれる。つまり意見を言いやすい先輩だったわけです。

試合中、石原さんのサインに首を振る。その回が終わりベンチに戻ると、ふたりでそのシーンをおさらいする。

「俺は変化球のほうがいいと思ってサインを出したけど、（前田は）どう思った？」

「ストレートにタイミングがあっていないような気がしたんで」

「なるほどな。お前がそう思うなら、次もストレートで様子を見よう」

こうして、石原さんは僕との共同作業を優先してくれました。だから「このバッターはスライダー中心で攻めよう」とプラン通りに投げ、打たれたとしても、「あれは俺が悪かった。2ストライクになったら狙い球を切り替えてきたな。申し訳ない」と言ってくれるし、失点が重なり動揺《どうよう》していれば「もっとバッターに向かってこい。それがお前のいいところだろ！」と活《かつ》を入れてくれました。

石原さんにボールを受けてもらうと、しっかりと自分の目的を持って投げられる。

シーズン前の春季キャンプで「今年は何をテーマにしたらいいか？」と相談すれば、

「今年は変化球がいいから、もうちょっとストレートにこだわってみよう」などビジョンがはっきりと見えるのです。本当に頼りになる存在でした。

試合では数多くのキャッチャーとバッテリーを組んできましたが、やっぱり僕にとっては石原さんが一番だった。

困ったら石原さん。それは、15年まで変わらない拠《よ》り所でした。

ビジョンをクリアにイメージする。育てていただいたその感覚は、今も僕の基礎《きそ》のひとつになっていると感じています。

時には自分を認める

16年10月20日。ドジャースタジアムで行われたシカゴ・カブスとのリーグチャンピオンシップ第5戦、僕は先発マウンドを託《たく》されましたが4回途中3安打1失点でベンチから交代を告げられました。

「まだまだなんだな」と反省する自分と、「終わったぁ」とホッとしている自分。マウンドを降り、ベンチからグラウンドを眺《なが》めながらぼんやりとそんな感情が脳裏をよぎっていたんじゃないかな、と今になって思っています。

この試合はマウンドを降りた状況もちょっと珍しかった。スコアは0対1。4回はノーアウト一、二塁といきなり追加点のチャンスを許してしまいましたが、そこからバッターふたりを打ち取り、2アウト一、二塁。続くバッターはピッチャーでした。「よし、あとひとり。ピッチャーだし気を抜かなければ0点に抑えられる」と気持ちを込めていた自分でしたが、デーブ・ロバーツ監督から交代を命じられたのです。その瞬間はびっくりしました。

「え？　打席に立つのピッチャーだよ。代わるの？」

シーズン中もイニングの途中で「交代するか？」と監督やコーチに言われ「この回だけは投げさせてください」と直訴《じきそ》した試合が何度かありました。でも、この試合では「投げたい」という気持ち以上の別の感情がありました。

メジャーリーグのポストシーズンは、本当にしんどかった。

日本のクライマックスシリーズとはまた違った異様《いよう》な雰囲気。普段は「ケンタ、エンジョイだよ、エンジョイ！」と陽気に声をかけてくれる選手も終始《しゅうし》張り詰めた表情をしていて、ゲームでは死《し》に物狂《ものぐる》いで戦っている。

野球の母国、そこで得る世界一。誇りを手にしたい——。その強い気持ちが、彼らのモチベーションをどこまでも高くしていました。

世界一を決めるワールドシリーズが現実味《げんじつみ》を帯びてくるにつれ、そんなムードが色濃くなってくる。いつもは「ゆとりを持って」と言い聞かせている自分ではありますが、今までにないプレッシャーを感じていましたし、メンタル的にもしんどかった。だから、悔《くや》しさ以上にホッとした。それが、本心。

調子が悪くても最低限のパフォーマンスを披露《ひろう》できたり、無失点に抑えて勝ち投手の権利を得てマウンドを降りればホッとします。

「俺はやってやったんだぞ！」なんて気持ちには絶対になりません（笑）。「よかったぁ。今日も無事に終えることができた」と胸をなでおろす。そんなにメンタルが強靭《きょうじん》じゃないですからね。

ポストシーズンでは3試合で投げ0勝1敗。その最後となるカブス戦で、僕は負け投手にはなりませんでしたが、チームは負けてしまった。次の試合にも負けてワールドシリーズに進出できませんでした。僕の責任は大きいし、悔しさだってあります。

それでも僕は、ポストシーズンが終わりホッとした。

「今年くらいは（自分を）褒《ほ》めてもいいのかな」

メジャーリーグ挑戦1年目を終え、アメリカから日本に帰国した直後の記者会見で、僕は報道陣から自分自身のパフォーマンスに対する採点を聞かれ、そう答えました。

防御率や投球回数など、細かく言えば納得できなかった部分は数多くあります。

ですが、ドジャースとの契約目前にメディカルチェックで右ひじの異常が見つかり、「移籍できないかもしれない」という不安と向き合った現実から1年間、先発ローテーションを守ったし、16勝できたことに純粋な達成感《たっせいかん》がありました。

もっと言ってしまえば、16勝をしたのに「全然満足していません。もっとこうしたかった」などと公《おおやけ》の場で答えてしまうと、ますます自分のハードルを上げてしまうし、疲れてしまう。17年にゆとりを持って野球ができなくなると感じたからでした。

多少なりとも達成感を抱けたのは、チームの優勝に貢献《こうけん》できたことも大きかった。

ドジャースが所属するナショナル・リーグ西地区で優勝。ポストシーズンでのディビジョンシリーズでもワシントン・ナショナルズを倒して、2度、シャンパンファイトを経験することができました。

プロになって一度も優勝を経験したことがない自分にとっては、とても印象深い出来事となりました。

僕自身、ポストシーズンでは第3戦で敗戦投手になった悔しさはありましたが、チームとしてはみんな死に物狂いで戦って3勝2敗でディビジョンシリーズを突破《とっぱ》することができた。その上でのシャンパンファイトは格別でしたね。

すごく楽しかった。「やべぇ……またすぐにでもやりてぇ」と癖《くせ》になってしまい「自分ひとりでも、もう1回やろうかな?」と、シャンパンを衝動買いしたくらいですから（笑）。それくらい、楽しかったんです。

悔しいこと、不安になることはたくさんありました。でも、個人的に16勝をして少なからずチームに貢献することができただろうし、シャンパンファイトも経験できた。まだ1年目。

2年目になれば、先発ローテーションを守り抜くのは当たり前。そのなかで、去年以上の数字も求められてくる。正直、プレッシャーはあります。だからこそ、今は少しくらい自分を褒めてあげて、気持ちにゆとりを持っておきたいのです。

「自分も満足。周りも喜んでくれた。だから、気持ちよく今年（16年）を終わらせてくれ！」と。

本業以外の仕事は楽しむ

16年7月6日、ドジャースタジアムで行われた、ボルチモア・オリオールズとのインターリーグ（交流戦）。同点の8回。クラブハウスで着替えをしている僕に、コーチがこう告げました。

「代走で行くから準備をしておけ」

え？　素直にびっくりしました。今になって冷静に考えると、メジャーリーグは8月まで登録選手の人数が25人と日本より少なく（9月以降は40人に拡大される）、延長戦に入れば決着がつくまで何イニングでも戦います（日本は12回まで）。試合が長引けば長引くほど、選手起用も増えるわけですから、できるだけ本業の選手は温存しておきたい。

記憶に新しいところで言えば、15年10月4日のマイアミ・マリーンズ対フィラデルフィア・フィリーズの試合で外野手のイチローさんがピッチャーとして出場したことなんかも、そういった事情が関係しています。

シーズン前から「ピッチャーでも野手で出場することがあるぞ」とチームから言われてはいたものの、カープ時代だって一度も経験したことがない代走を務めるわけです。代役とはいえ、得点に貢献するプレーをしなければなりませんから、少ない時間でもしっかり心と身体の準備をしなければなりません。タイミングよく相手チームのピッチャーが交代したので、その時間を利用してウォーミングアップを行いました。

結局、僕は三塁まで進むことができたもののホームベースまで生還《せいかん》することはできませんでした。チームも敗れ、悔しさは残りましたが、初体験に喜びを感じたのも事実です。

改めて言いますが、僕の本業はピッチャーです。

自分の野球人生に直結する「仕事」ですから、それなりのプレッシャーを感じてはいますが、野球というスポーツが大好きです。仕事を抜きに楽しめるのなら目いっぱい楽しみたい。

無責任な言い方かもしれませんが、バッティングや走塁はそれができる。だからバッティング練習なんかはすごく楽しい。ピッチャー陣でホームラン競争なんかをすると、僕はいつでも本気です（笑）。バンバン打ってみせて、カーショウなどから「お前はそんなに身体が細いのに、どうしてそんなにホームランを打てるんだ？」と驚かれたこともあるし、「いいバットを使ってるんだろ？　くれよ！」と言われ、試合で僕のバットを使ってくれたなんてことも。日ごろの野球への純粋な気持ちを発揮できる場だから、ピッチャー以外の役割を与えられるとワクワクします。

初めて代走として出場した後も、16年は7月21日のワシントン・ナショナルズ戦で代打としても出させてもらい、見事に空振り三振を喫しました。メジャーリーグで中《なか》継《つ》ぎや抑えをするようなピッチャーはだいたい１６０キロ近いボールを投げますから、本業がピッチャーの僕が打てっこないです。７月31日のアリゾナ・ダイヤモンドバックス戦でも代走で起用されましたが、どれも楽しんでプレーすることができました。だから、むしろ出たい。

先発ピッチャーですが僕もチームの一員ですから準備はしますし、これからは野手としても結果を残したいです。

2章

余裕を生み出すコミュニケーション

自分を全部見せる

メディア対応は、いつも「なるべく好意的に」と心がけています。

僕たちの仕事は野球をすること。お金を払って球場に足を運んでくれたファンのみなさん、貴重な時間を割《さ》いてテレビやインターネットで試合を観戦してくれている視聴者の方々に、1試合でも多くの勝ちゲームを見せることです。

じゃあ、それ以外の努力をする必要はないのか？

「野球に集中したいからシーズンオフのインタビューは受けないようにしてほしい」と球団広報にお願いする選手がいることはいます。その分、練習などに時間を費やし、パフォーマンス向上に努めることもひとつのスタイルですし、プロ意識の高さの表れでもあります。

ただ、僕にはその選択肢《せんたくし》はありません。

シーズン中も可能な限りインタビューを受ける。シーズンオフともなれば、積極的に自分の姿を露出《ろしゆつ》していきたい。そう考えています。

僕は、プロ野球選手、プロのアスリートにとって「競技をすることだけが選手の役割ではない」と思っています。試合を見て選手に興味がわく。でも、球場でしか見られないのは残念。そう思うファンがひとりでもいるなら、野球以外の場でも自分を見てもらいたい。僕は、そういう考えの持ち主です。

プロとしてメディア、ファンのみなさんへの対応は選手の義務だと考えています。試合に勝った。活躍した。そうなれば、誰だって気分がいいもの。普段は口数が少ない選手でも、その時ばかりは饒舌《じょうぜつ》になるかもしれない。

その一方で、敗戦の原因を作ってしまった、不本意な記録を残してしまったとなると、途端《とたん》に口を閉ざす。個人的な考えを述べれば、それはあまりよくないことなんじゃないかな、と思うのです。

僕ら選手は「メディアの向こうにファンがいる」ことを常に意識して行動しなければなりません。

僕が試合で打たれて負けてしまった。当然、記者の方たちは敗戦の理由、力を発揮できなかった原因などを聞いてきます。もちろん悔しい思いをしていますから喜んでは話せません。気分だって乗るわけがありません。でも、打たれた時の感情、その日のパフォーマンスを知りたいファンだっているはず。第一、それを口にすることで自分の気持ちが整理できるかもしれないのです。

だから僕は、登板日は試合終了直後のメディア対応やブログの更新も、勝敗に関係なく極力するよう心がけています。新聞やニュースを見ない人でも、ブログを見れば僕の気持ちが分かる。

少し付け加えれば、ブログを更新することで、自分の気持ちを落ち着かせる作業にもなるのです。特に負けた日は……（苦笑）。

自意識は全く必要ない

僕は人見知りなので、できることなら知っている人、仲がいい人たちだけと付き合っていきたい。でも、実生活では日々、いろんな人たちとの出会いがありますし、そのなかで信頼関係を築ける人がいる可能性もあります。

それを明確に教えてくれたのがアメリカであり、ドジャースのチームメイトたちです。

「俺たちは仲間なんだから、もっと仲良くしていきたいのに」

少しずつチームに馴染んできた頃、何人かの選手にそう伝えられた時に、気づかされました。

「自分がチームメイトやファンに受け入れてもらいたいと思っているように、みんなだって仲良くやっていきたいんだ」

自分からコミュニケーションを拒絶《きょぜつ》してしまえば「ケンタはそういうヤツなんだ」と思われてしまう。そうなれば、ますます孤立《こりつ》してしまう。だから僕は、球場の食堂などでチームメイトの隣の席が空いていれば、率先して座り、話すようになりました。会話までいかない挨拶《あいさつ》程度ではありますが（苦笑）。

でも、たったそれだけのコミュニケーションでも彼らは喜んでくれる。1日、2日……そんな日が続けば、今度は相手から僕の席の隣に座り、「調子はどうだい？」と話しかけてきてくれるようになりました。

正直、言葉がちゃんと通じない相手と話をするのは不安ですし、緊張もします。だから、こう考えることにしたのです。

「別に俺のことなんてみんな知らないだろうし、どういう人間かもはっきり分かっていないんだから思い切って話せばいいや」

開き直り。勢い。そんな表現がぴったりですね。でも、僕にとってはそれがよかった。多少の無理をしてでもコミュニケーションをとることでチームメイトに受け入れられた。恥《は》ずかしいからこそ割り切れた。大切なことを優先させれば、恥じらいも効果を発揮するわけです。

知ってもらう努力を怠《おこた》らない

ブログは09年4月から続けています。

ブログでは、自分の登板日のおさらいはもちろんですが、それ以上にプライベートな面を見せたいと意識しています。

例えばカープ時代なら、まだ一軍に定着できていないけど実力があって、性格的にも面白いヤツの紹介。メディアで情報が発信されることは少なくても「こいつ、こんなに面白いんですよ！」というネタを、僕のブログから発信していきたいと思っていました。カープファンならば特に、選手の情報を知りたいと思うので、僕のブログをツールとして活用していただけると嬉しいな、というのが始めた理由のひとつでもありました。

ただ……本音を言えば、流行のSNSというのは、どうも慣れません（苦笑）。ブログを更新していくのが精いっぱいで、フェイスブックもツイッターも利用していませんでした。

そんな状況が変わるきっかけとなったのが、メジャー初登板で初勝利、初ホームランを打った16年4月6日でした。

おかげさまで最高のデビューを飾ることができたわけですが、試合後、チームメイトからこんなことを言われました。

「お前、フェイスブックとかインスタグラムはやっているのか？」

正直に「やっていない」と答えました。すると、彼らは一様《いちよう》に「なんでだ？」と言うのです。

彼らに言わせれば「今日みたいなものすごくハッピーな日に、喜びをみんなに伝えないなんてどうかしてるぜ！　もし、インスタグラムに写真や映像を載せたらすごいことになるぞ」と。

メジャーリーグの公式サイトでも僕の初勝利とホームランが映像で紹介されましたし、ツイッターでもドジャースの球団アカウントはもちろん世界のトレンドワードにカタカナで「#マエケン」と挙がるくらい多くの人が呟《つぶや》いてくれたそうで。それを知った時は本当に嬉しかったですね。

本人からそれを伝えれば反響は大きい。でも、正直、煩《わずら》わしいというか面倒くさいというか（苦笑）。ブログだけで精いっぱいな部分もあり……。

聞けば、アメリカ人はブログをあまり見ないそうなんです。でも、SNSで写真や動画を投稿《とうこう》すれば、日本語が理解できなくても僕が何をしたのかくらいは分かってもらえる。

この日は、選手たちが「じゃあ、俺たちがあげといてやるよ!」と僕の代わりにSNSで情報をアップしてくれたのですが、それ以降もなかなか気が乗らなかったのは事実。ただ、時間が経つにつれ、考えが変わり始めました。

「日本でブログを始めたのだって、もともとは『自分のことをいろんな人に知ってほしぃ』と思ったからだよな。アメリカでも多くの人に自分を知ってもらいたいわけだし。『めんどくせぇ』とか思ってる場合ではないかも」と。

6月。僕はようやくインスタグラムを始めました(アカウントは、@18_maeken)。現在(17年3月24日時点)でフォロワーは16万人以上。その半数が地元ファンのようです。やはり、今の時代「自分のことを知ってもらう」ためにSNSは欠かせないんだな、と痛感《つうかん》しました。

だったら、勉強も兼ねて英語でも投稿してみよう——。

日本はもちろん、アメリカの人たちにも自分の近況を知ってもらいたいし「英語でも投稿してくれよ!」とメッセージも届いているし。

といっても、まだまだ通訳の力が必要（苦笑）。短い文章ならば「こういうフレーズって、英語で何て言うの？」と聞き、自分で投稿することもありますが、少し長い文章になると、伝えたい文章をＬＩＮＥで送って訳してもらったり……。

少しずつではありますが、自分の想いを英語で伝えられるようになれば、海外のファンのみなさんとの距離ももっと縮まるんじゃないかな、と思っています。

思ったことは必ず声に出す

メジャー初ホームランを打った16年4月6日のパドレス戦。4回の打席に入る前は少し慌《あわ》ただしかったことを覚えています。

僕は、打席に入る際はそこまで早くから準備をするタイプではありませんが、あの時は前のバッターが早く打ち取られたのか、ベンチ裏で相手バッターのデータを確認していたのか、詳細は忘れてしまいましたが、なにせ慌ただしく打席に立ちました。

2ストライク。こういう追い込まれた場面での僕は、変化球にタイミングを合わせながら「ストレートであればファウルを打てれば」という意識で相手ピッチャーのボールを待っています。

3球目。パドレスのピッチャー、アンドリュー・キャッシュナーの高めに浮いたスライダーに身体が反応しました。打球は高々とレフト上空に舞い上がり、スタンドに吸い込まれていった——。

デビュー戦はとにかく勝つことに集中していたため、ホームランを打ったことについては「嬉しかった」というよりも、ただただ驚いただけ。

まさか、自分が〝洗礼〟を受けるなんて全く思い浮かびませんでした。

サイレント・トリートメント——。

メジャーリーグ独特の文化で、初ホームランを打った選手を、ベンチで待ち受ける仲間が表情を変えずにスルーして驚かせる、アメリカならではのウイットに富んだ祝福の儀式です。

日本人でも野球選手であれば誰でも知っているような有名なリアクションではありますが、僕からすればホームランを打つことに慣れていないせいもあってか「どうしてハイタッチとかしてくれないんだよ？」と純粋に思ってしまったのでしょう。

おそらく、あの瞬間の僕は「気分はアメリカ人」でした（笑）。

「Ｗｈｙ？」

両手を広げ「なんで、みんな祝福してくれないんだよ」と首をかしげる。そんな僕をいじるように、まず、ゴンザレスからタックルさながらに抱き着かれ、その後みん

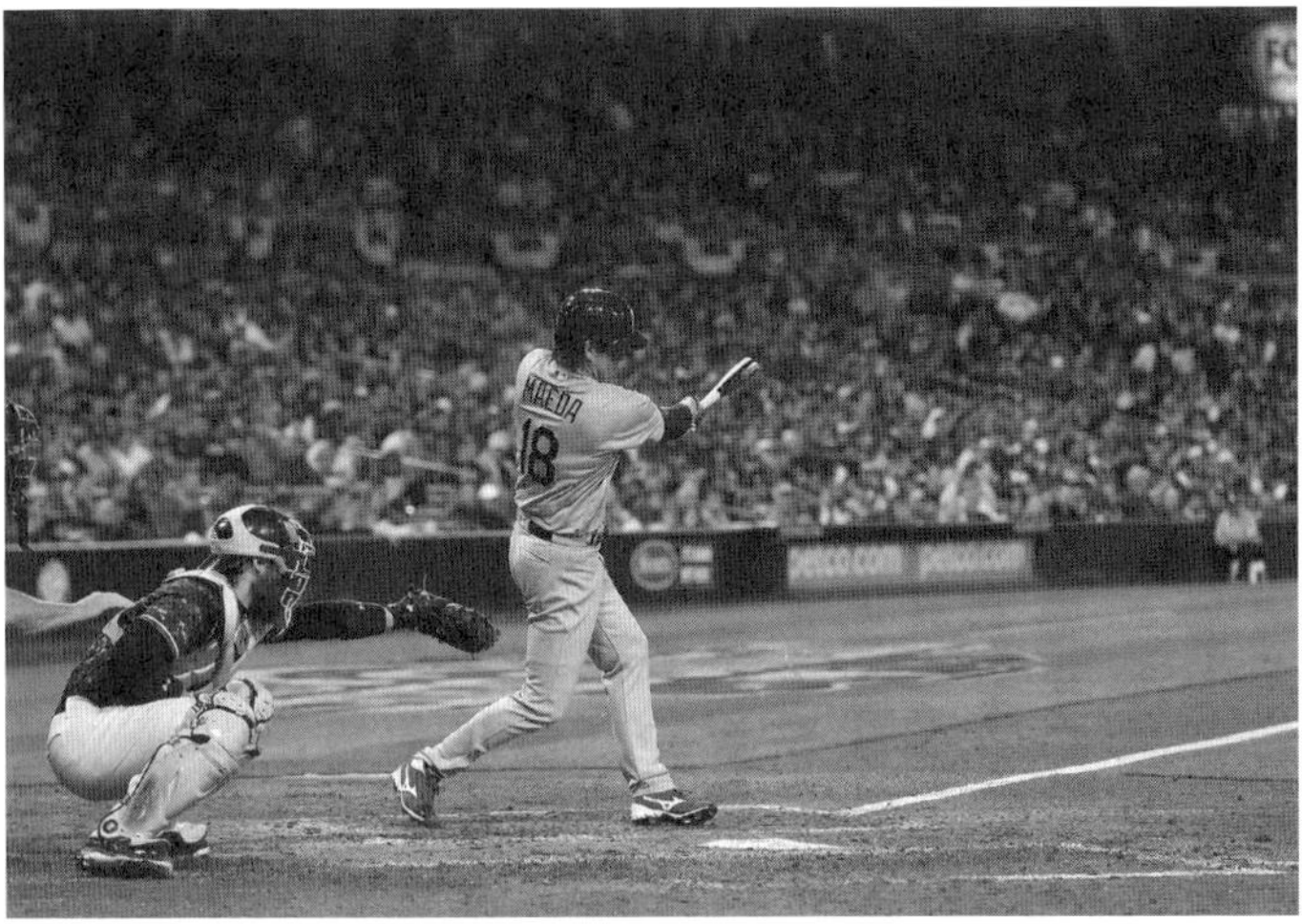

なから手荒い祝福を受けたわけです。報道では「仕掛け人はクレイトン・カーショウだ」とありましたが、僕自身、それが実際に誰なのは分かりません。ただ、今になって思うと、貴重な体験ができてラッキーでした。

サイレント・トリートメントのように、アメリカのパフォーマンススタイルというか文化は日本にはないものばかりで、見習うべきところが多いと感じています。

ミーティングは、その最《さい》たる例ではないでしょうか。大きな違いを挙げれば、彼らは絶対に自分の意見を述べます。

日本でも発言が許されていないわけではありません。しかし「右にならえ」のような控えめな国民性や、相手を尊重しすぎるあまり「先輩が賛同しているのに、後輩の自分が反対意見を言ってしまうのはよくない」「若いから発言権がない」と勝手に思い込んでしまっている風潮《ふうちょう》が発言を控える理由かもしれません。

それが、欧米人からすれば「もったいない」となる。

ミーティングで質問を求められれば大勢の選手が挙手《きょしゅ》します。シーズン開始当初に選手が一人ひとり自己紹介をする時間があったのですが、そこで独身の選手に「お前は彼女がいるのか?」といったふうに、プライベートな話題にもどんどん食い込んでいく。

それが許される文化と言えばそれまでですが、僕にとってはチームに溶け込む大チャンスでしたし、そういうフランクな環境はすごくいいな、と感じました。

それでも、他の選手に比べると発言は少ないほうなので、チームメイトや球団スタッフからはよく言われます。

「思ったことは絶対に言え」

日本人は納得できない部分があっても、目上の人から言われれば「大丈夫です」「分かりました」と承諾《しょうだく》してしまうことが多いはず。でも、アメリカでは意見を言うことで「ケンタはこういう人間だ」と理解され、その上で接し方を決めてくれる。

仮に監督やコーチに反論したとしても「生意気なヤツだ」とはならず「ケンタの考えはそうなのか」と、彼らが納得すれば受け入れてくれるのです。

最終目的だけを強く意識する

メジャーリーグでは、チームメイト全員が積極的にコミュニケーションを図ろうとします。繰り返しになりますが、だからこそ僕は多少無理をしてでもドジャースのみんなと積極的に話すように心がけました。

野球がチームスポーツである以上、他の選手のサポートは絶対に必要です。ならば、普段から良好な関係を築いておけばより結束力《けっそくりょく》が生まれる。僕自身も相手の人間性が分かっていればより信頼できるし、余裕を持って投げることもできるわけです。

「俺は野球で活躍するためにアメリカに来たんじゃないか。だったら、人見知りだからってコミュニケーションをとらなければ自分にとって損になるし、仲良くなったら得するに決まっているじゃないか」

自分の本分さえ見失わなければ、人見知りの性格を承知の上で無理もできる。実際にコミュニケーションを図ることで、嬉しい出来事に遭遇《そうぐう》したことだって少なくありません。

春季キャンプが始まった頃、キャッチャーのヤズ（ヤズマニ・グランダル）が僕にこう言ってくれました。

「お前の入団が決まってから、ユーチューブでピッチングをずっと見ているんだ」

これは本当に感激しました。やっぱり、相手だって自分に興味を抱いてくれている。そう思えば、自分が人見知りだなんて言っていられません。ファーストのゴンザレスやサードの（ジャスティン）ターナーにしたって、僕が打ち解けることで、「日本語を教えてくれよ」と、あちらからも積極的に声をかけてくれるようになった。

野球では守備で一塁、二塁、三塁とボールを投げる場所を指示するケースがあるのですが、そういう細かいプレーにしても「日本語でワン（一塁）は何て言うんだ？」「『いち』だよ」と教えれば、僕の登板試合では「イチ！」と指示を出してくれたりする。

アメリカに来て感じたことは、日本語は大きなコミュニケーションツールのひとつなんだということ。メジャーリーガーたちも日本に本当に興味があるんです。だから、野球以外の日本語……例えば下ネタとか（笑）、そういうカジュアルな言葉を聞きたがったりする選手も多いですね。僕もそういう会話（あくまでもフランクな、という意味で）が好きなので思い切り乗ります。

「相手を冗談っぽく罵《ののし》る場合はどういう日本語が面白いんだ？」

「じゃあ、忘れないように紙に書いてロッカーに貼ってやるよ」

考えてみれば、アメリカといってもメジャーリーガーはメキシコ人などスペイン語圏の選手も多い。彼らにしたって最初の頃は不安だったはず。それでも、積極的にコミュニケーションを図ることで今の自分の立ち位置を築いたのだと思います。だからこそ、僕も同じように溶け込んでいかなければならない。

選手主催のパーティーは、今でも緊張します。行かないほうが楽ですが、それは、その時だけなんです。コミュニケーションをとらなければ結果的に自分を苦しめるだけ。だから、時間が許す限り参加します。実際、参加してしまえば楽しいですしね。

「話せる」より、「伝わる」を優先する

英語は勉強中の身です。そのため、通訳を担当してくれているウィリー（ウィル・アイアートン）は僕にとってかなり大きな存在。

ウィリーは国籍こそアメリカですが、お父さんがアメリカ人と日本人のハーフでお母さんがフィリピン人と、様々な国の血を引いている男です。彼自身、野球経験者でフィリピン代表に選ばれたり、テキサス・レンジャーズの下部組織に在籍しショート

シーズンを戦ったこともあるようです。

彼との出会いは13年。この年はWBC（ワールド・ベースボール・クラシック）が開催されるため、僕はハワイで自主トレを行っていたのですが、この頃からカープには「将来的にメジャーリーグでプレーしたい」と自分の想いを伝えていました。

そんな折、知人を介してウィリーを紹介され「通訳が必要なら、彼に頼んだらどうだ？」とすすめられたのです。でも当時は、メジャー挑戦はまだ現実的ではありませんでしたし、なによりウィリーのお父さんが大企業の重役も務められていたすごい方と聞き、「そんな偉い人の息子さんに、俺の手伝いなんてさせられない」と……今考えれば先入観なんでしょうけれど、その時は丁重にお断りさせていただいたんです。

そして16年、メジャーリーグに挑戦できるとなった際に、正式にお願いしました。通訳を頼んだ理由としては、僕と同じ28歳というのが大きなポイント。実際に打ち解けるのも早かったですし。


ウィリーには本当に感謝しています。

彼でよかったと感じる点を挙げれば、ウィリーはドジャースのチームメイトと、すごく打ち解けている。社交的な性格もあるのでしょうが、通訳だからといってずっと僕について回るのではなく、自分も積極的にドジャースに溶け込もうと努力してくれる。

僕自身、「ふたりだけで固まったコミュニティを作りたくない」と思っていたので、ウィリーの立ち振る舞いには感謝しています。

彼のコミュニケーション能力は高いし、一緒にいて窮屈にならない。自分が余裕を持って野球に専念できる環境を作ってくれるので最適なパートナーです。

英語が苦手な僕が、メジャーリーグで野球に専念できるのは、妻の早穂の存在もとても大きいです。

妻は帰国子女ではありませんが留学経験があり、日常会話は難《なん》なくこなせるのですごく助かっています。自宅を購入する際や、業者さんとのやり取りなど日常的なことは妻任せ。

はっきり言って、僕は家のことには全くと言っていいほど関わっていません。

結婚当初から、海外旅行などの際には妻の英語力にずいぶん助けられてきましたが、アメリカに来てからはそれをさらに痛感しています。メジャーリーグ挑戦を相談した時には「行きたいなら行けばいいと思うよ」とさらっと承諾してくれましたが、まだ実際にアメリカで生活していませんでしたから、結構、楽観視していたところもあり……。生活が始まり、改めて「英語が喋《しゃべ》れて、助かるな」と安心しました。

英語が話せるから妻はチームにも打ち解けられる。社交性があることもその一因ですが、選手にも好かれています。その分「なんで英語を話せるんだ？　ケンタは全然話せないぞ！」と、僕がツッコまれる羽目になるのですが。

それと、メジャーリーグでは「奥様会」と呼ばれるコミュニティがあって、選手の奥さんたちが集まる機会が多いのです。妻もよく顔を出しているようなのですが、みんなと仲良くできているそうで、本当に安心しています。

つくづく感じることですが、妻がいるからこそアメリカでも野球に専念できる。仕事柄、僕が家から離れている期間も長いので、それだけでもストレスを感じるはずなんです。でも、不安を口には出さないし、チームメイトやその家族たちとも積極的に交流してくれている。妻には感謝してもしきれません。

郷に入れば郷に従うしかない

その日は、イチローさんとの2度目の対戦でした。

16年9月11日、マイアミ・マーリンズとの試合で、僕は6回3失点で敗戦投手に。

イチローさんにもヒットを1本打たれました。

ピッチング内容はそこまで悪くはなかったから、いつも以上に敗戦の悔しさはない。でも、決していい気分だったわけではありませんでした。「負けたことは反省して、今日、よかった部分を次の試合に生かそう」。試合が終わり、そう考えながらロッカールームに引き上げたかと思います。

そこには、本来あるはずの自分の洋服や靴がありませんでした。きれいさっぱり消えていたのです。

「ああ。やっぱり今日だったか。マジかぁ……」

心の中で苦笑い。僕のロッカーにあるのは、見慣れないチアリーダーの衣装のみ。

「それを着て移動しろ」というチームメイトからの〝命令〟でした。

ルーキー・ラギング・デー。

メジャーリーグではシーズンに一度、ルーキーがコスプレをして移動しなければならない恒例《こうれい》行事があります。過去にはクマさんがタイツ姿になったり、ダルさんが海パン、将大がヒップホップスタイルと、日本人選手も必ず〝犠牲《ぎせい》〟になってきました。

僕にとって、それが9月11日だったわけです。

事前に知らされるわけではないので、いつどんな恰好をさせられるかは当日になら

ないと分からない。ただ、例年9月に行われることが多いので、ある程度の予想はできていました。

それにしても、チアリーダーの姿……しかも、ご丁寧に胸にはドジャースのロゴマーク、背中には〈MAEDA〉と入った特注コスチューム。マイアミから次の遠征先のニューヨークまでこれで移動しなければならないとは（苦笑）。

日本だったら考えられません。恥ずかしがり屋だから、そんな恰好で人前を歩けるわけがない、と徹底拒否していたことでしょう。

でも、ここはアメリカ。メジャーリーグの慣《なら》わしとあっては断るわけにはいきません。

「これはもう、受け入れるしかないな」

徐々に、「楽しむ時は楽しもう」というアメリカ流のマインドを受け入れ始めていた時期でもあったので、敗戦投手になってしまった悔しさは心の奥底にしまい、「今夜は思いっ切り楽しむか！」と開き直りました。

恥ずかしさはありました。でも、ウィリーやトレーナーの渡邊誉《わたなべほまれ》さん、他のルーキーたちも〝生《い》け贄《にえ》〟にされたおかげですごく楽しめました。

「ローアングル禁止！」

そんな注文をカメラマンに伝える余裕も生まれるほど、「チアリーダー・前田健太」はマイアミからニューヨークへの移動を満喫《まんきつ》しました。

僕がチアリーダーの恰好をすることでみんなが笑ってくれる。移動中もからかい、盛り上げてくれる。だったら、その渦《うず》に飛び込んだほうが楽な気分になれるというもの。マエケン専用のチアリーダーの特注衣装は、ロサンゼルスの自宅に今も大切に保管しています（笑）。

他にも、日本にはない文化と言えば「チップ」。メジャーリーグの各球団には、ユニフォームの洗濯やロッカールームの掃除などをしてくれる「クラビー」と呼ばれる裏方《うらかた》さんがいます。彼らにもチップを払うわけですが選手の年俸に応じて金額が変わってきます。高年俸の選手ならば、年間トータルで数百万円は支払います。これも、日ごろの感謝があってこそですが、アメリカならではの初めての経験となりました。

威厳《いげん》は必要がない

僕は後輩と一緒にいる時間が長いほうだと思っています。

お世話になっている先輩も多いのですが、上下関係を積極的に作りたいタイプではなく、年齢を度外視《どがいし》した楽しい関係を築いていきたいと考えています。誰でも気軽に話しかけてくれるような、そんなフランクな人間関係を築くのがベスト。そのためには、僕自身も間口《まぐち》を広げていかなければなりません。

学生時代から先輩、後輩という関係性について少なからず「煩わしいな」と感じていた部分もありますが、おおらかな先輩たちと付き合ってきた経験も、今の「人を寄せ付ける」気質に繋がっていると思っています。

カープでのプロ1年目。実績がない若手選手は廿日市《はつかいち》市にある二軍施設の大野寮に住むのですが、高卒ですから年齢は一番下。野球に生活にと様々な不安を抱えていましたが、そんな僕を支えてくれたのが、1歳年上の齊藤悠葵《ゆうき》さんと5歳年上の大竹寛さん（現読売ジャイアンツ）でした。

寮では齊藤さんと大竹さん以外、近い年齢の選手がいなかったこともありますが、入団直後から本当によくしていただきました。門限など寮のルールを教えてくれたのもおふたり。いつも食事に連れていってくれたりもしました。当時は自分の自動車を持っていなかったので球場まで乗せていってもらったりと、3人でいる機会は本当に多かったです。

おふたりと一緒にいて気楽だったのは、歳が近いからだけではありません。齊藤さんも大竹さんも本当におおらかで、年下の自分に同じ目線で接してくれました。

3人の関係が確立されてからは、僕から「ご飯に行きましょうよ」と誘うことも少なくありませんでした。

この経験は後々《のちのち》、僕が実際に後輩たちと仲良くしていく過程で役に立ちました。入団したての選手は誰だって不安です。ましてや「エース」と呼ばれていた近年では、僕に対して相手が勝手に萎縮《いしゆく》するかもしれない。そこで、僕が先輩だからと大きな態度をとってしまえば、さらに萎縮させてしまう。

僕自身、萎縮されるのが嫌ですし、せっかく同じチームになったのだから仲良くしたい。だから、齊藤さんや大竹さんのように寛容《かんよう》で、比較的ガードを下げて構えることで、後輩たちが話しかけやすい雰囲気を出す。そういった環境作りを意識してきました。

僕からすれば「先輩の威厳」なんてどうだっていい。グラウンドで真剣に戦いさえすれば、あとは友達感覚で楽しく過ごす。そのほうが、メリハリがついていいんじゃないかな、と思っています。

PLで学んだ後進を育てる意識

学生時代にスポーツの強豪校《きょうごう》で部活動をしていた人であれば、厳しい練習を耐え抜いた経験があることでしょう。それと同じくらい、もしかしたらそれ以上かもしれませんが、上下関係においても苦労されたのではないでしょうか。

特に寮生活をしていた人であれば、数多くの規則に縛《しば》られながら生活しなければなりません。時には厳しい指導もあったはずです。自分もそれを経験してきました。

野球界ではお馴染みかもしれませんが、PL学園野球部は厳しいことで有名でした。僕が生まれる前からもそれは変わらず、3年間で2度の全国優勝を果たした桑田真澄さんやPL史上初の甲子園春夏連覇を成し遂げた立浪和義さん、宮本慎也さんたちが活躍された80年代は、数多くのプロ野球選手を輩出《はいしゅつ》したことからも「厳しかった」というお話はOBの方々に聞きますし、世間でも知られていることと思います。

当時は「研志寮《けんしりょう》」という野球部専用の選手寮がありました。PLには「付き人制度」という伝統があり、1年生が3年生の身の回りのお世話をします。洗濯は当たり前。チャーハンや生姜焼き《しょうがや》などの料理も後輩が作っていたそうです。朝は言うまでもなく先輩よりも早く起きなければいけない。まさに「寝る時間がない日々」が続いていたそうです。

練習も僕が入る前は全体練習が短く、その分の時間を自主練習に充《あ》てていたそうです。そうなると1年生は上級生のお手伝いがメインになってしまうので、自分の時間を確保するのが難しい。

桑田さんで言えば、1年生の夏から甲子園でエース級の活躍をされましたから、よほど高い意識で野球に取り組んでいたんだな、と想像しただけで分かります。

僕が在籍していた04年から06年あたりは研志寮がなくなっていて、10畳以上の大部屋に野球部以外の生徒も含め14人の大所帯《おおじょたい》で生活していました。それでも、桑田さんたちの時代と同様に厳しさはありました。

上下関係や寮での規則も厳しかった。

PLでの3年間で、野球だけではなく、人として生きていく上でも大切なことを教

わりました。なかでも僕が感じているのは人付き合いに関して。

上下関係が厳しかった分、それまで以上に他人を思いやれるようになりましたし、幅広い視野を持って周りを見られるようにもなりました。組織で行動していくことの重要性も理解できたつもりです。だからこそ、高校時代から後輩であってもフレンドリーに接してきました。

僕は先輩よりも後輩のほうが付き合いやすいと感じています。もちろん、優しくて尊敬できる先輩は僕の周りにたくさんいます。でも、その一方で反面教師となった先輩も少なくありません。

僕は、後輩たちにはできるだけそう思われたくない。全ての世界に共通することでしょうけど、後進がしっかりと育たなければその社会は衰退《すいたい》していく一方だと考えています。だから、僕が先輩たちから教わったり、自分で経験してきたいい要素を伝えていきたい。

それが後輩へ、また後輩へと受け継がれていくことで、そのコミュニティの関係性を良好なまま持続できればな、と思っています。

そういう意味でも、PLの僕らの世代は最高でした。練習や寮生活で自分たちにできることは後輩に任せすぎず自分たちで、というスタンスに変えたり。

もちろん「俺たちがやられて嫌だったから」というのも理由のひとつとしてありますが、せっかく「PLで野球がやりたい！」と夢や目標を持って来たのだから、そこに一歩でも近づくために時間を有効活用してほしいですしね。

PL学園は僕に様々な「原点」を与えてくれました。

上下関係にしても、プロになった今でもOBの横の繋がり、結束力は固い。尊敬できる数多くの仲間とともに、僕も後輩から尊敬される人になっていきたいです。

仲間の不安を取り除く

ロサンゼルス・ドジャースにはクレイトン・カーショウというピッチャーがいます。

本書でも度々《たびたび》登場している選手ですが、カーショウは現役メジャーリーガーのなかで「最強左腕」と呼ばれています。メジャーリーグのピッチャーにとって最高の栄誉であるサイ・ヤング賞（日本で言う沢村賞ですね）に3度輝き、その他あらゆるタイトルを獲得した偉大なピッチャーです。

カーショウは僕と同じ88年生まれの同い年ということもあり、かなり頼りにしている存在です。ピッチャー陣のリーダーということもあるでしょうけど、彼がまだ若手時代、当時、ドジャースにいた黒田博樹《ひろき》さんと仲良くしていたこともあり、カープ出身の僕にも好意的に接してくれます。

だから、僕もそこに甘える（笑）。

メジャーリーグでは、日本のように試合中にベンチ前でキャッチボールなどができないため、ベンチの中で行うようになりました。

試合前の全体練習にしても選手みんなが集まって同じメニューをこなすわけではないので、どんな感じで動けばいいのか……などなど、そういう細かいことをカーショウはとても丁寧に教えてくれます。選手としてだけではなく、ひとりのチームメイトとしてもすごく頼りになる存在です。

カーショウとコミュニケーションを図るなかで感じたこと。それは「やっぱり、尊敬される選手っていうのは日本もアメリカも変わらないんだ」ということです。

僕はカープ時代、自分が後輩に伝えられるものは全て伝えていこう、と心がけてきました。調整法やトレーニング方法など、ある程度自分のなかで固まってきたものがありましたから、カープ時代の最後のほうになると誰かに意見を求める機会は少なくなっていました。

でも、アメリカに来てからは「環境も捉え方も、違った部分があるんだろうな」と。それこそ1年生のつもりで「いろんな人に話を聞いてどんどん吸収しよう」と、かなり意識していました。

要するに、野球に対しての考え方がさらに柔軟になったわけです。

そういう心がけのもと、ドジャースに来てカーショウと出会い、彼の懐《ふところ》の深さに触れた。これは、僕にとって大きなことでした。僕はもともと偉そうな雰囲気を出すタイプの人間ではありませんが、それでも「意見を求めるのにプライドなんて必要ないんだな」と。カーショウから改めて教えられた気がします。

思ったことは素直に伝える

自分が後輩に伝えられることがあるのなら、何でも伝えていきたい。本書でも繰り返し述べていることです。

後輩だって人を選びます。そこで僕に相談してくれるわけですから、軽はずみなアドバイスはできません。普段から「楽しくやっていきたい」とは思っていますが、相手が真剣ならば別です。僕もまじめに向き合い、一緒に悩みを解決してあげたいのです。

カープに中田廉《れん》というピッチャーがいます。

近年は故障に苦しんでいますが、中継ぎピッチャー陣には欠かせない存在です。人間的にも人懐《ひとなつ》っこいヤツで、後輩たちの面倒見もいい。僕はそんな廉が大好きですが、唯一、彼の欠点を挙げるとすれば「すぐに弱音を吐く」ことです。

中継ぎピッチャーはチームが僅差《きんさ》で勝っている場面で投げることが多く、とてもプレッシャーのかかる仕事です。そのポジションを任されているということはチームの信頼が厚い証拠でもあるのですが、廉は1試合でも打たれれば「僕はもう、ダメです」と、すぐに落ち込んでしまう。さらによくないのは、それを僕個人だけにではなくロッカールームなど他の選手がいる場でも言ってしまうことです。

廉のメンタルを改善してもらいたくて、僕は何度も繰り返します。

「お前、またネガティブなことをみんなの前で言ったな。そういうことを言うなよ。お前の弱音を聞いたヤツのなかには『そういう人だったんだ』って思う選手だっているんだぞ。何回もあんなことを言っていたら誰からも信用されなくなるし、監督やコーチだってお前を起用《きよう》したくなくなる。お前が『もう、辞めたい』とか言ったところで、かわいそうだと思うヤツなんてプロにはいないんだから、これからは思っていても絶対に口にするなよ」

こうやって書いていても、結構、厳しいことを言っていますね。でも、それも現実なんです。弱みを見せれば周りにどんどん追い抜かれる。廉は力がある選手だからこそ、

「もっと堂々と投げろ」と何度でも言いたいのです。

廉のように弱音を表には出しませんが、大瀬良大地《おおせらだいち》もメンタル面で苦労しているタイプですね。

大地は1年目の14年に10勝を挙げて新人王になったように、持っている素質や技術はかなり高い。「何でも吸収したい」という意欲もある。僕を慕《した》ってくれているから、一緒に何度も食事に行くし、自主トレにも連れていったり、本当に仲がよくかわいい後輩なんですが、自分を追い込みすぎるというか引きずってしまうところがあります。

あれは15年の最終戦。この試合に勝てばクライマックスシリーズ（CS）に進出できるという大事な試合に僕が先発し、中日ドラゴンズ打線を7回無失点に封じゲームを作ることができました。でも、こちらの打線も相手ピッチャーに抑えられスコアは0対0。そんな緊迫した展開の8回に大地が中継ぎとしてマウンドに上がりました。

結果、大地は打たれてしまいました。1アウトしか取れず2失点。ベンチに戻った大地は泣き出し、チームの敗戦が決まるといよいよ感情を抑え切れなくなったようで、ずっと泣きじゃくっていました。

僕には大地の気持ちが分かります。その1年前の10月6日、この試合に勝てば、球団としては初めてホームのマツダスタジアムでCSを戦えるという大事な一戦で、僕は読売ジャイアンツに3点を奪われ敗戦投手となりました。エースと呼ばれる立場でありながら、大事な試合でチームを勝ちに導けなかった。悔しさだけが残る試合でした。

そういう経験を何度もしてきたからこそ、僕は大地にはっきりと言えるんです。

「いつまで泣いてるんだよ。大地の責任じゃない。お前ひとりのせいで負けたわけじゃないんだから、ちゃんと前を向け！」

大地はものすごく優しい人間ですから、余計な責任まで勝手に背負ってしまうんです。気持ちは理解してあげたいですけど、これからも投げ続けなきゃいけないわけですから、いつまでもウジウジしていられないのがプロ。反省は反省として受け入れて、ひと回り成長できるように頑張っていくしかないんです。

僕は、分かる全てを後輩たちに伝えたいだけ。見返りなんて求めてはいません。あるとすればたったひとつ。みんなが活躍し、カープを毎年のように優勝させてくれることです。欲を言えば「マエケンさんのおかげで成長できました」と、みなさんの前で言ってくれればなお嬉しいかな（笑）。

でも、後輩たちの気持ちは十分に受け取っています。メジャーリーグに挑戦することが決まってから、後輩たちが送別会を開いてくれました。廉が泣き出し、大地ももらい泣き。もう号泣《ごうきゅう》（笑）。「お前ら、泣きすぎ！」とツッコミたくなるくらいの状況に。それが、本当に嬉しかった。さらに絆《きずな》が深まったと感じた夜でした。

八方美人ではいけない

カープ時代、僕はプライベートで街中を歩いている時に、ファンからサインや握手を求められるのが苦手でした。

日本人の場合は特にそうなのかもしれませんが、僕に予定があり「すみません、ちょっと急いでいるんで」と握手やサインを断りその場を後にしてしまうと「あいつにだけサインをして、なんで自分にはしてくれないんだ」と心の中で悪態《あくたい》をつかれているのではないかと思えて、申し訳なくなってしまう。

別にサインや握手をしたくないわけではありません。飲食店など限られた空間で声をかけられれば対応できるのですが、街中となるとさすがに他の方たちに迷惑をかけてしまうかもしれない。だから、できるだけ人目につく場所でのファンサービスを避けるようになっていたのです。

それが、今では「別にいいかな」と受け入れられるようになった。それはやっぱり、アメリカでの生活がきっかけでした。

チームメイトのなかには、僕よりも実績を残し、多くのファンに知られる選手がたくさんいます。そういった選手でも街中では堂々としている。帽子やメガネを着用して変装《へんそう》することももちろんなく、素《す》の状態で街を闊歩《かっぽ》する。そこでサインを求められても対応するし、時間がない場合や家族と一緒にいれば「今はプライベートの時間なんだ。すまないね」とはっきりと断る。ファンもそれを分かっているから「悪かったね。次は頼むよ！」と言う。

アメリカ人は「俺も、俺も！」と集まるようなこともありません。特にロサンゼルスにはハリウッドセレブもたくさんいますから。そういう環境の違いもあるかもしれません。

またメジャーリーグの選手たちは、試合前後でも平気でファンとコミュニケーションをとります。

試合開始5分前でも、スタンドから「サインをくれよ！」と色紙《しきし》やボールを投げ込まればだいたいは対応する。試合後に「今日はいいプレーをありがとう!」と気分が上がる声をかけてくれたファンに対して、使用したバッティンググローブをプレゼントしたり。

ファンとの距離感が近く、とてもフレンドリーに接するのです。

日本の選手だと、どうしても「試合前は集中したい」となりがちだし、球場でのファンへのプレゼントは暗黙《あんもく》の了解で禁止されている部分もあります。「選手ファースト」のような環境が整いすぎているのかもしれません。

いい時はいい。ダメな時はダメ。

文化の違いと言ってしまえばそれまでですが、それでも、このくらいのオン・オフの切り替えを判断する力は日本人にだって備わっているはずなんです。

「こっちが警戒《けいかい》してコソコソしすぎているから、逆にファンへの対応がぎこちなくなる」

だから今は、日本でも逃げたり隠れたりはしません。もし、僕にサインなどを断られたら「今日は忙しいんだ」と思ってお許しいただき、またチャレンジしてください。

常に謙虚に、天狗にならない

野球を続ける。実績を積み、多くの方たちに名前を憶えてもらう。光栄なことではありますが、同時に不思議な感覚になることもあります。

PL学園時代まで遡《さかのぼ》れば、野球の名門校というだけで一目《いちもく》置かれる。なかには「野球部だから偉いんだ」とちょっと横柄《おうへい》に振る舞う部員もいたり。そういう態度を野球部以外の生徒はあまりよく思っていないことも知っていました。

「そりゃ、そうだよな。俺たちは、ただ野球をやっているだけだし」

人のふり見て我がふり直せ……それ以前に、僕は何度も述べているように、みんなと仲良くしていきたいタイプですから、いつも通りでした。

カープに入団してからもそうです。

1年目や2年目は、熱心なカープファン以外は僕を見てもスルー（笑）。広島市内を歩いていても声をかけられることなんてほとんどありませんでした。それが、先発ローテーション入りして実績を残し、知名度《ちめいど》も上がってくるにつれ声をかけられる機会も増えました。サインに応じると喜んでもらえ、一緒に写真を撮ると感激して泣いてくれる人までいる。

「俺に会って、そんなに嬉しいのかな?」

実績と年齢を重ねるたびに僕の名前が知られていくことは自覚していましたから、普段から立ち振る舞いは気にしていたつもりです。僕の本質、性格や考え方が変わったとは思っていません。「きっと、周りが変わっていくんだろうな」。だんだんと、そう思うようになりました。

なかには、自分自身が変わってしまう人もいます。プロ野球選手になって、メディアなどで紹介される機会があったりすれば、いろんな人が自分のところに集まってくる。そこで「俺はプロ野球選手だ。有名人なんだ」と勘違《かんちが》いを起こしてしまう。そうなると、今までお世話になった人たちへの態度も横柄になったり……。僕はそういう選手を見るたびに、思ってしまうのです。

「野球選手だからって特別なのか?」

実際、特別でも何でもないです。

でも……昔からの風習かどうかは分かりませんが、有名人と呼ばれる人たちは周りからちやほやされます。プロ野球選手もきっと、そのカテゴリーに分類されているのでしょう。そこで「自分は特別なんだ」と思ってしまう。周りが変わったことで自分も変わってしまう。仕方がないことではありますが、僕は絶対にそうはなりませんから！

もし、仮にプロ野球選手が偉いとしても、その期間は長くても20年程度。現役引退後は「元プロ野球選手」という肩書《かたがき》は付くかもしれませんけど、基本的には普通の人になるわけだし、現役時代ほどちやほやされなくなると思うのです。

その時に、自分が何者であるかが試されるのかもしれません。

「自分から野球を取ったら魅力《みりょく》はあるのか？」と自分を問い詰めてみる。引退した時に語れるものがある人でいるためには、記録も必要なのかもしれません。それとも、人間性を豊かにしておく？　今はきっとそれを養っていくことがすごく大事なんじゃないかな、と思っています。

黒田さんから学んだこと

僕が初めて沢村賞を獲らせてもらった10年のシーズンオフ。当時、ドジャースに在籍していた黒田さんとの食事の場を設けてもらいました。それだけでも光栄だったのに、プレゼントまで用意してくれていたんです。

渡されたのは、スイスの高級時計ロジェ・デュブイでした。

「こんなの貰えないよ……」

瞬時にそう思ったくらいの名品。完全に恐縮《きょうしゅく》しつつも「大事にします」とありがたく頂戴《ちょうだい》しました。

一軍で投げるようになってから、ピッチャーの永川勝浩《ながかわかつひろ》さんや野手の東出輝裕《ひがしであきひろ》（現一軍打撃コーチ）さんなど、先輩たちから「いい時計を持っているとモチベーションになるぞ」と言われ、かなり背伸びして高級時計を購入したこともありました。でも、いただいたロジェ・デュブイは重みが全く違う。大げさではなく「黒田さんからいただいたこの時計を身につけるのは、それなりの覚悟がいるな」と緊張しましたし、身が引き締まる思いでした。カープ時代の黒田さんがそうだったように、自分もチームを背負っていく存在にならないといけない――そう心に誓ったものです。

このエピソードを耳にすると「マエケンと黒田さんって仲がいいの？」と思われるかもしれませんが、僕の口から「仲がいい」とはおこがましくて言えません。今ならば「とてもお世話になっている大先輩」といったところでしょうか。

黒田さんとは2年しか一緒にプレーしていません。最初の1年は入団1年目で、僕はずっと二軍にいましたからそもそも接点《せってん》がない。たまに、黒田さんが二軍の練習場に来られた際には「ちゃんとメシ、食ってるか？」と声をかけていただきましたが、そんな挨拶程度の会話を2、3回しただけでした。

最後の1年は15年でふたりとも一軍にいましたから、調整法などピッチャーとして参考にしたいところをたくさん教えていただきました。「なぜ40歳を超えても、高いパフォーマンスが維持《いじ》できるのか？」という点で、将来に必ず役に立つ話が多数。僕自身、できるだけ長く第一線で野球を続けたい。目の前に黒田さんという大きな背中があることを心強く感じています。自分の引き出しの中にしまっておいて、いずれ必要な時に活用させていただければと思っています。

他にも、メジャーリーグでの生活についてのアドバイスは、今の自分としてはとてもありがたかったです。幸運にも黒田さんが在籍されていたドジャースに移籍することができたので、住む場所、娘の学校、その他、おいしいご飯屋さんなど……生活に関することは結構教えていただきました。それまでも、連絡先は知っていたのですがカープ時代は連絡をとることがほとんどなく、アメリカに行ってからのほうが頻繁にやり取りしています（笑）。

黒田さんは、僕にとってアメリカで生活していく上での道しるべです。

また、もうひとりとてもお世話になったのがクマさんでした。

クマさんとは代理人が同じこともあり、以前から面識《めんしき》はありました。そうはいっても、12年からシアトル・マリナーズでプレーしていたため、そこまで頻繁にお会いすることはできませんでした。

でも、今度は僕もアメリカにいる。クマさんは優しくて面倒見がいい方なので、キャンプ前から合同で自主トレをさせてもらい、スプリングキャンプの場所も同じアリゾナ州だったことから車に乗せていただいたり。もちろん、キャンプ中は何度も食事に誘っていただきました。中4日の登板間隔やバッターのレベルなど、数多くアドバイスを送っていただき感謝してもしきれません。言葉は悪いですが、クマさんに甘えることで、自分の心に余裕が生まれたのは間違いありません。

16年3月21日、グレンデールで行われたオープン戦でクマさんと投げ合えたのは楽しかったですね。5回2失点とピッチング内容もまずまずで、「メジャーでもちゃんとやっていきます」という決意をパフォーマンスで示せたのもよかった。

本当ならばクマさんも16年から同じドジャーブルーのユニフォームを着て一緒にプレーできるはずだったんですが、諸事情がありそれが叶《かな》わなくなってしまいました。

それだけは非常に残念でした。

不特定多数の意見にもあえて目を通す

僕は毎日、自分のブログへのコメントやスポーツ新聞の記事をはじめとするニュースをなるべく読むようにしています。

インターネットが身近になった昨今《さっこん》、署名記事ではない不特定多数の意見をリアルタイムで覗《のぞ》くことができますが、自分が不甲斐《ふがい》ない成績だった時などは見ないという人も少なくないかと思います。

それでも僕は、「あえて」見るようにしています。

数試合連続で勝てなかった時は、インターネットニュースのコメント欄には「マエケン、全然ダメじゃん」というような意見が多数寄せられていることでしょう。僕だってひとりの人間ですから、本当に勝てず心が弱っている時などはショックを受けます。

「俺なんて、もう投げないほうがいいんじゃないか……」

そこまで気が滅入《めい》っていない時などは、「はぁ?」と反論したくなることだってもちろんありますが、冷静に考えると「いろんな意見があるのは当然だよな」と思うわけです。

僕への意見の多くは激励《げきれい》です。それは素直に「ありがとうございます」と、そういった声に報いることができるよう次の登板までしっかりと調整するのみです。

一方で、否定的な記事やコメントも、彼らなりの主張があるからこそ。都合《つごう》よく前向きに解釈すれば、それだけ僕に注目してくれている証拠だと思っています。

〈昨日のマエケンは、マウンドで落ち着きがなかったな〉

そんなコメントを見れば、「自分ではそういうつもりじゃなかったけど、表情に出ていたんだろうな。次から気を付けよう」と意識を見直せる。

〈マエケンはメジャーでも勝てると思っていたのに〉

と、納得したくない一文を見つければ、「じゃあ、勝てるところを見せてやるよ。勝ったら褒めてくれよ！」と踏《ふ》ん張《ば》れる。

称賛にも批判にも、外部からの言葉には自分がよくなるためのヒントがあります。

常に誰かに見られているからこそ、客観的に物事を分別する。

ダイレクトに言葉を受け入れるのではなく、あくまでもおおらかに。だって、プレーをするのも結果を残せるかどうかも自分次第なんですから。

アメリカに行ってからも、自分のことだけでなく、カープの情報も欠かさずチェックしていました。

自分の希望でポスティングシステムを使いメジャーリーグに挑戦したとはいえ、やっぱりチームメイトと優勝を分かち合えなかったことは残念でしたし、申し訳なさだって当然感じていました。だから、16年にカープが25年ぶりのセ・リーグ優勝を果たした時は、心から喜びました。

ただ、カープの情報をチェックする過程で残念な記事に触れることもありました。〈若手ピッチャーが黒田にアドバイスを求めやすくなった――〉

この一文を純粋に受け取るのであれば「よかったな」と思えるのですが、記事を詳しく読んでいくと〈エースの前田がドジャースへ移籍したことで、若手投手が解放された〉といった内容だった。

「はぁ？　俺、そんなキャラじゃないし」

憤《いきどお》りというより悲しさ。「そういう見方をしている記者もいたんだ……」と、とても残念な気分になりました。

僕は「俺を通さずに黒田さんと話をするな」というキャラじゃない（苦笑）。高圧的な上下関係は嫌いだし、後輩たちがよくなるのなら何でも教えてあげたい。

サポートできるところは絶対にしたいと思っています。チームが優勝できたことでそういう見解を抱いたのかどうか分かりませんが、もし、僕を応援してくれるファンの方がその記事を見て「カープには、しがらみがあったんだ。マエケンってそういう人間だったんだ」と思われたら、僕としてはかなりショック……。

実際、そういった記事に便乗《びんじょう》して〈今年のカープ最大の補強は、マエケンを放出したこと〉とか、面白おかしくネットに書いている人もいましたし。

ブログなどで「記事に書いてあることは事実無根《じじつむこん》です。僕は『自分の許可なく黒田さんと接するな』と後輩に命令したことは一度もありません」って反論したい気持ちも若干……。

でも、ありもしない出来事でけんかをするほうがあり得ない。

なにより、そういうことで感情的になるのも時間の無駄かな、と。それこそ、僕にとって「無駄なこと」。

だから、今では前向きに捉えるようにしています。

カープが勝ち続ける。僕もアメリカで先発ピッチャーとして踏ん張っている。「マエケンも頑張ってるじゃん」、カープファンのみなさんも、そうして純粋に僕を応援してくれていたので、それだけで満足。

僕がいなくてもカープは強い。だから、僕だってさらに頑張れるのです。

全米中に味方を作る!

アメリカで生活するようになってから、様々な問題に直面してきましたが、そのなかでも日本食の確保は僕にとってできるだけクリアしたい要素でした。

ロサンゼルスでの試合の場合は、妻が準備してくれたお弁当を球場に持参するので、試合が終わったらそれを食べます。おかずなどは特に決まっているわけではありませんが、できるだけ温かいものを。保温弁当箱に肉や魚などを入れてもらいます。サラダは球場にたくさん用意されているのでそれを食べます。

僕はもともと野菜が嫌いで、そのせいで妻はドレッシングを替えてくれたりと配慮《はいりょ》してくれました。なかでも僕が好きなのは、有名焼き肉店「叙々苑《じょじょえん》」のサラダドレッシング。「焼き肉屋さんなのに、なんでこんなにおいしいドレッシングを作れるんだ」と感激するほど大好きです。だから、ドジャースタジアムのクラブハウスの冷蔵庫に僕専用の「叙々苑ドレッシング」をストックしておき、試合後にサラダにかけて食べます。

問題はここから。遠征先となると、さすがに妻のお弁当を持っていくわけにはいきませんから、当然、外食となります。昼食ならばハンバーガーやイタリアンなど他のジャンルでも我慢《がまん》できますが、晩ご飯は絶対に日本食じゃないとダメ。やっぱり日本人ですから、白いご飯を食べないと気分が落ち着かないんです。

これは大都市を含めたアメリカ全土に共通することなのですが、飲食店を含むお店の営業時間が圧倒的に短い。日本ならば夜中や朝方まで開いている店舗《てんぽ》が多いですが、アメリカは22時にはほとんど閉まってしまうのです。

デーゲームでも試合後に身体のケアなどをしていると22時を過ぎます。登板日になると公式会見の時間もありますから、ますます遅くなります。ナイターの日は言うまでもありません。

だから、最初はクマさんなど日本人選手にアメリカ各地の日本食のお店を紹介してもらうところから始まりました。

なかでもおいしかったのは、シンシナティとピッツバーグの日本料理店。22時を過ぎてしまう場合は「すみません、今から行っても大丈夫ですか？」と確認の電話を入れてから向かいます。

アメリカで和食のお店を運営している方は基本的に日本人。とても親切に対応してくれるので心強い存在です。

海外で勝負するのにとても大切なのが、こうした味方作り。

日本料理店の方にもかなりお世話になっていますが、みなさんの優しさが戦うための余裕を作り出してくれています。

僕が結果を残すことで喜んでくれる方も多いし、応援もしてくれる。いつも無理を聞いていただき、おいしい食事を提供してくれているみなさんの期待に応えられるように、頑張らないといけません。

アメリカ1年目は食事の面でも少し苦労しましたが、おかげさまである程度の行きつけの店ができたので、2年目は遠征先でも安心して日本食が食べられそうです。自分でも新規開拓《かいたく》をして、さらに味方を増やしていければと思っています。

弱点は時に個性になる

知っている方も多いと思いますが、僕には「絵心《えごころ》」がありません……。

最近では、バラエティ番組でそのことがバレてしまったため、お茶の間で「マエケン＝絵が下手」と認知されていることでしょう（本書のカバーをぜひ取ってみてくださいね）。

その伏線《ふくせん》は数年前からありました。

カープにはシーズンオフのファン感謝デーで選手が絵を描くコーナーがあるのですが、そこで僕の絵心のなさに気づくファンが増えていき、「マエケンって絵が下手《へた》だよな」という情報が少しずつ拡散《かくさん》していったというか。

別に隠すつもりはありません。僕は絵が下手です（苦笑）。

下手でも練習すればうまくなるかもしれない。でも、僕からしたらそんなこと面倒だし、「みんなが笑ってくれるなら」と逆に絵心のなさを利用しました。

「なんなら、みんなの前で描いたものを見せていこうかな」

僕が契約させてもらっているスポーツメーカーの方にお願いして無地のTシャツをいただき、そこに絵を描いて、ヒーローインタビューで披露するようになりました。僕はファンのみなさんにもっと球場へ足を運んでもらいたいからお立ち台の時間は大切にしているし、自分にできることなら何でもやろうという人間です。

だから、絵を描きました。下手だけど。

僕がヒーローになって喜んでくれるファンがいる。そこで「マエケンって絵が下手だ」と笑ってくれれば、もしかしたらそのネタがさらに拡散して、野球を知らない人たちにも僕やカープに興味を持ってもらえるかもしれない。

おかげさまで、僕の才能（？）はバラエティ業界でも知られることに。「アメトー

「年賀状は
毎年手書きです！」

ーク！」に出演させていただいたり、それなりの恩恵《おんけい》を受けることになったのでよしとします（笑）。

そんな流れで、僕の「絵心ない芸人」感は定着しました。

イベントに呼んでいただく際も、プログラムの打ち合わせで、「描いていただけませんか？」と頼まれるのではなく、「30分間はトークをしていただいて、残り時間は絵を描いていただきます」と決定事項になっている（苦笑）。

「え？　描く意味あるの？」。一瞬、そう思ってしまいますが、それで喜んでくれる人がいるのなら僕としても嬉しいので、いつも普通に「分かりました」と承諾《しょうだく》しています。

人の性格や捉え方によっては、絵心のなさはコンプレックスになるのかもしれません。「○○が下手だから」とツッコまれすぎると、人前でそれを見せたがらなくなる。それは、本人がどう感じるかの問題ですから、嫌なら嫌でいいと思っています。

でも、実際に周りの人が、それをコンプレックスだと認識しているケースは少ないかもしれません。自分だけの思い込みって結構あるじゃないですか。だから、僕は「コンプレックスは弱点ではない」という考えを持つようにしています。

正直、僕には「イケメンじゃない」というコンプレックスがあるし、もっと言えば野球にだってコンプレックスはあります。

プロ野球の世界には身体が大きい選手もいれば、ものすごく速いボールを投げる選手だっている。甲子園優勝など、アマチュア時代の実績が豊富な選手だってたくさんいます。それらに比べれば、僕には野球選手として何もないのかもしれない。もっとはっきり言えば「この技術だけは絶対に誰にも負けない！」というものがありません。

でも、弱点ではないんですね。

僕は野球が好きで、続けていく以上は技術、メンタル、コンディショニングなどできる限りの要素を吸収していきたいという貪欲さがある。その時々でいいところ、ダメなところに気づきながら真剣に野球に取り組んできたからこそ、今の自分がいる。その気持ちはブレません。

周りの方たちもきっと、少なからず「マエケンは野球が得意だ」と思ってくださっているはず。そのイメージが強ければ強いほど、コンプレックスだと思われがちな要素とのいいギャップが生まれてくるかもしれない。

僕にとってそれが、絵心だったわけです。「野球がうまい、絵もうまい。マエケンは器用だな」。そう思われれば誇らしい。でも、「マエケンって野球はうまいのに、絵は下手だよな」。そのくらいのイメージのほうが、僕にとっては気楽でいいのです。

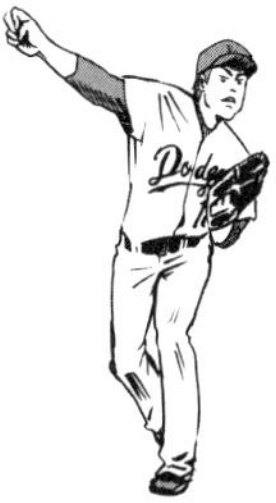

3章

勝利のためにやるべきこと

データはまず頭に入れる

28歳になって、改めて予習と復習の大切さを学びました。

僕は子供の頃からずっと野球しかしていませんが、きっと進学校や一流大学に合格した人たちは、日ごろから丁寧にそれをこなしてきたからこそ、志望校に入れたんだろうな――。今の自分と重ね合わせて、そんなことを思うようになりました。

僕はメジャーリーグでプレーするようになってから、登板日の前日には1時間以上かけて相手チームのデータを見直し、ノートに要点を書き留める作業を続けています。

カープ時代にもやることはやっていましたが、何度も対戦している選手が多く、おおよそのデータは頭の中にインプットされています。そのため、直近《ちょっきん》の試合のパフォーマンスやデータをおさらいするくらいで済んでいました。

でも、メジャーリーグでは初めて対戦するチーム、選手ばかり。何も分からず勝負に挑むなど無謀《むぼう》な博打《ばくち》に挑むのと一緒です。相手のことを知るために、その第1段階としてデータをインプットすることは最優先事項でもありました。

そこで、日本とメジャーの違いを思い知らされたわけです。

「すごいな。何でも出してくれるのか!? 多いし、細かいし……これ、本当に全部覚えられるかな？」

極端に表現すれば、日本で提示されていたデータが「10」とすると、メジャーリーグは「100」。誤解のないように述べておきますが、だからといって日本のプロ野球のデータが少ないわけではありません。僕自身が求めていたデータが少なかっただけで、日本にも能力の高いスコアラーさん（データ班）はたくさんいます。

ただ、知識のない状態でアメリカに行った自分にとって、かなりの衝撃《しょうげき》だったのは事実です。

簡単なところでは、相手バッターの得意コースと球種がボール1個分くらいのレベルで詳細に分けられている。苦手コースと球種から、ストライク、ボールのカウント別による打率も細かく分類されています。僕が貪欲に「どんどんください」と、さらに細かいデータを要求しても当たり前のように提示してくれるのです。

「本当にすごいな。これ、全部頭に詰め込んだらパンクするだろうな」と、感心すると同時に心の中で悲鳴を上げたくらいです。

さらに、球団から支給されるiPadで専用のデータサイトにアクセスでき、次に対戦するチームの映像もスタッフに頼めば数試合分をすぐに用意してくれます。全てのデータをノートに記し、映像もくまなくチェック。本気でやるとなると、前日から始めたのではとてもじゃないけど間に合いません。

そこで学んだのが要領よくまとめる作業です。

おそらく、学力が高い人たちは学生時代にそうしていたのではないかと思うのですが、それを野球に応用しました。

データを見て「これは、明日の試合には必要ないかな?」と思えば省く。「ああ、前の試合ではこんな感じで打ち取れていたな」と思えばノートに記入するし、映像で他のピッチャーが面白い攻め方をしていれば「こんなアプローチの仕方もあるんだ」と参考にする。

学生時代の勉強ではあり得ませんでしたが、嬉々《きき》として学ぶ自分がいます。やればやるだけ安心する。

受験生が「俺はこれだけ勉強したんだから落ちるはずがない」と自信と落ち着きを手に入れるように、僕も登板前日にデータを整理するうちに、緊張感が少しずつ薄れ自信が持てるようになるのです。

しかも、受験やテストと違いカンニングできるから安心です。ノートを持参して試合に臨むので、ドジャースが攻撃中はベンチで次のイニングに対戦しそうなバッターの特徴をおさらいできる。基本的に前日の作業で頭にインプットされてはいますが、より余裕を持ってマウンドに上がるための準備だから欠かせません。

適度な緊張がパワーを生む

よく「試合は楽しむものだ」と言う人がいます。メジャーリーグでも「ケンタ、もっとエンジョイしろよ！」と陽気に話しかけてくる人もいます。それは個人の考え方なので否定はしませんが、僕は「試合では緊張が必要」と思うタイプです。

とはいえ、試合前から緊張してしまうのは、精神衛生上よくない。だから、前日からのルーティンをしっかりこなしていくことで気持ちに余裕を作ります。

ただし、試合になれば別です。緊張していないといいピッチングができない。直前でいい緊張感だけを一気に高め、試合に集中します。

僕にとって緊張とは、「意識する」ものではなく「感じる」ものだと思っています。「緊張している。消そう、消そう」と変に意識してしまうと「もし、打たれてしまったらどうしよう……」と重圧に変わってしまう。そうならないためにも、「緊張はするものだ」と受け入れて試合に臨んだほうがいい。みんなするものなのだから、「してもいいんだ」「俺だってしてても構わないいんだ」と。

無観客のなか試合をするのと、5万人の大観衆の前で投げるのとでは、必ずパフォーマンスに違いが出てくる。「今日はこんなにファンが来てくれているんだ。これは頑張らないとまずいだろ」。緊張感が今まで以上のパワーを引き出してくれるのです。

最初は寡黙《かもく》に戦う

普段は温厚《おんこう》だったり、誰とでもフレンドリーに接する人でも、こと試合となるとものすごく集中モードに入る。「試合前、試合中は俺に絶対に話しかけてくるな」。そういった「戦闘モード」に突入する選手がいます。

僕はどちらかといえばフレンドリーなタイプの人間ですが、だからといってそういう選手を否定することは一切ありません。なぜなら、昔の自分がそうだったから。

カープに入団して2、3年、一軍で先発ピッチャーとして投げさせてもらってしばらくは「話しかけるなオーラ」をバンバン出してしまっていた選手でした。

本当ならば、普段の生活通りチームメイトと仲良く話をしていたい。そのほうがリラックスできるし、自分らしく投げられる。でも、当時は若手で、1日でも早く安定した結果を残さないといけない立場。登板日に試合前から和気あいあいと仲間と話し、そこで、もし打たれでもしたら「お前は、いつも周りとヘラヘラしているから負けるんだよ」と先輩や首脳陣に思われてしまうのではないかと。それが嫌だったのです。だから、登板日は練習の時から誰とも話さないようにしていました。

そういう態度が徐々に変わってきたのが10年シーズンでした。

この年は、試合のなかで「力を抜いて投げる」という技術を身につけられたこともありますが、ものすごくいいパフォーマンスが続きました。15勝8敗、防御率2・21。最多勝と最優秀防御率に加え、174個の三振を取って奪三振王、ベストナインにゴールデングラブ賞、そして、プロ野球のピッチャーにとっては最高の栄誉である沢村賞も獲らせていただくことができました。

プロ4年目。先発ローテーションを任されるようになって3年目で、やっと2桁勝利を挙げることができタイトルも獲得できた。この年を境にチームからの信頼感もぐっと高まり、ある程度の自己主張が許されるようになったような気がしています。

僕が僕らしく、ゆとりを持って調整できるようになったのは、まさにここからでした。翌年からは試合前に「話しかけるなオーラ」を出さず、いつものリラックスした気持ちでマウンドに上がれるようになったのです。

信頼を得るまでは、寡黙に戦う必要があるのだと思っています。メジャーリーグ1年目の16年がそうでした。カープ時代のように「誰とも話さない」ような姿勢をとるということではなく、あくまで個人のプレーに関する部分において。

ピッチャーは「できることなら最後まで投げたい」、それができなくても「このイニングだけは投げ切りたい」と思うもの。

メジャーでも、イニングの途中でデーブ・ロバーツ監督やコーチから「代わるか？」と尋ねられて「ここだけは投げさせてください」と自分の希望を告げたことも何回かありました。

そうはいっても、メジャーでは日本以上に球数制限が厳しく100球前後になればエースのカーショウであっても容赦《ようしゃ》なく交代させられます。アメリカは選手の身体にとても気を遣うので、仕方がないと言えば仕方がないことなのかもしれません。

だから僕も、1年目はできるだけチームの意向に従うようにしました。先発ローテーションとして故障なく投げ続けてはいましたが、まだ1シーズンを投げ切っていないのに「俺を信用しろ」というのは難しい話です。結果的に、16年はロサンゼルス・ドジャースのピッチャーのなかで、1年間、ローテーションを守り抜いたのは僕だけでした。自分でもそこには達成感があるし、周りの見方も少しは変わったかなと思っています。

最初は、慎重《しんちょう》に技量《ぎりょう》を試されているという空気感。そのなかで、少しずつ結果を出して信頼を勝ち取っていく。

16年以上のパフォーマンスを今後も続けていくことで、「ケンタには全幅《ぜんぷく》の信頼を置いている」と監督などに言ってもらえるようになれれば嬉しいし、「俺もメジャーでやっていける」と自信になるような気がしています。

言葉を脳に植え付ける

僕は言葉を大事にしています。

言葉には自分を前向きにさせる力があると思っています。

だから、僕はシーズンが始まる前に必ず帽子に言葉を書き込みます。その年の大きなテーマを言葉にして書き留めるのです。

16年は「開き直る」と書きましたが、この言葉は今思えば僕らしくなかった。本来の自分なら絶対に思わないようなテーマでシーズンを戦おうと決意してしまったのです。

僕は感情的すぎる言葉が嫌いです。

例えば「がむしゃら」。僕からすれば、それは「無茶苦茶《むちゃくちゃ》」と同義です。「弱気にならない」という言葉も好みません。誰だって必ず弱気になります。それを受け入れて、弱気になっても力を発揮できるための技術を身につけなければなりません。

そして「開き直る」。「開き直ってプレーすればいいんだよ」というセリフをよく耳にします。しかし、本来ならば「いやいや、考えてプレーしないとダメでしょ。何にも考えないで投げるなんて自殺行為だよ」と思うところ。

相手のデータを頭に入れ、今の自分の技術を駆使《くし》し、相手と駆け引きしながら対峙《たいじ》しなければプロとは言えません。外国人とのコミュニケーションに関しては開き直っていた僕ではありますが、こと野球に関しては絶対にしてはいけない行為です。

冷静であればこのようにしっかり説明できるにもかかわらず、なぜ、帽子に「開き直る」と書き込んでしまったのか?

それだけ気持ちに余裕がなかった証拠でしょう。

メジャーリーグ挑戦1年目。生活環境も野球も、何もかも変わってしまったなかで勝ち残っていかなければならない。自分ではルーティンなどゆとりを持って生きていける術《すべ》を実践《じっせん》しているつもりでも、根本ではやっぱり追い詰められていたんだと思います。今後は、その反省を踏まえていつも通り、自分が納得する言葉をテーマとして戦っていきます。

これまでも、毎年、様々なテーマを帽子に書いてきました。内容が似ているものもありますので代表的な言葉を紹介します。

勝

とにかく勝ちを意識していた年に多かった言葉です。パフォーマンスに納得できずネガティブな感情になることが多ければ、できるだけ心をポジティブにするために、自分を奮《ふる》い立たせるために必要な言葉でした。

余裕

若い時など「とにかく勝ちたい」と思うあまり、周りが見えなくなることも多かった。そんな自分を見ていた知人が「もうちょっと余裕を持って野球に取り組んだほうがいいんじゃないか?」とアドバイスをしてくれたのがきっかけでした。

無欲

野球選手である以上は欲を持たなければなりませんが、持ちすぎるのもよくない。「目の前の結果を求めるあまり、がっつきすぎないように」。そういう思いを込めました。

遊

「遊び感覚を持つ」という意味です。余裕に繋がる部分でもあります。マウンドでは精密機械《せいみつきかい》のように完璧を求めるのではなく、「この場面でこの変化球を投げてみよう」「このバッターはセンターフライを打たせてみよう」など、あえて実験の場を設ける。もちろん、大差で勝っている場合などに限られてはいますが、そこでの成功や失敗は後にピッチングの幅に繋がると信じていました。

心

技術力アップはもちろん大切な要素ですが、シーズンに入ると新たな技術を高めるよりも、コンディショニングや身体のケアに比重《ひじゅう》が傾いていきます。試合で自分の調子がよくない、調子はいいけど打たれてしまった、味方のミスで失点した……。そういう予期せぬ状況に陥っても「自分はエースなんだから、心だけは絶対に乱さないようにしよう」と自分に言い聞かせていました。

その他にも、人から「お前は優しすぎる」と指摘《してき》された年には「もう少し厳しくやっていこう」と意識したこともありますし、「自分が一番なんだ」とあえて傲慢《ごうまん》な姿勢をテーマとしたシーズンもありました。

言葉に記す。

それは「昨年と比べ自分はどこが成長して、どこが未熟なのか？」という現在地を確認できるものでもあり、「その1年、自分はどういうテーマにすれば一番心が安定するのか？」を模索《もさく》することでもあります。

感情表現は豊かに！

僕は試合になると感情表現をはっきりと見せます。分かりやすい例を挙げるなら、マウンド上でよくガッツポーズをします。

試合で投げている時は、気持ちが昂《たかぶ》っていますから無意識に出ることのほうが多いのですが、試合前から「今日は調子が悪いな」と感じていれば、ピンチを脱した時など、自分を奮い立たせる意味も込めて「おっしゃ！」とグローブを叩いたりします。

チームが負けている時も同じです。ピンチのど真ん中、ここは感情をぐっと抑えて冷静に考える。「このピンチで三振に打ち取ったら、チームが盛り上がる」と思えば、相手バッターを三振に打ち取り雄《お》叫《たけ》びを上げる。ベンチに引き上げる時も「しゃー！」と拳《こぶし》を握り締める。

その姿を、野手のみんなやベンチ、スタンドのファンだって必ず見てくれていて、「マエケンが抑えてくれた。これは流れが変わるぞ」と、球場全体の雰囲気が一瞬にして変わることがあるからです。

客観的にガッツポーズで感情表現している姿が、見ていて気持ちがいいと常々感じていたのも理由のひとつ。

ダルさんや将大もマウンド上での感情表現が豊かなピッチャーですが、その姿を見ていて「かっこいいな」と思っていました。ガッツポーズは見ている側を盛り上げてくれ、楽しませてもくれる。「この後、何かが起きるんじゃないか？」と強く予感させてもくれます。

一方で、ガッツポーズをしない選手がポーカーフェイスを貫《つらぬ》く姿もまた、「クールだな」とかっこよさを感じます。マウンド上で相手に感情を悟《さと》られないようにと考えて、表情を抑えて振る舞うことは、簡単ではないと感じているので、僕はできないのですが（笑）。

フィールドで演じるか演じないか？　それは、人それぞれ。でも、僕はみんなを巻き込みたいから、これからもガッツポーズをしていく予定です！

マイナスの感情をコントロールする

野球に限らず、チームスポーツにはミスがつきものです。

自分が完璧なパフォーマンスをしても、チームメイトがミスをする。その逆もまた然《しか》りです。だから、チームで戦う以上はお互い助け合いながらプレーしなければなりません。

心にゆとりを持ち続けることが求められるのです。

そう言葉で説明したところで、すぐに実践できるほど簡単な作業ではありません。

僕自身、カープ時代は負の感情に苛《さいな》まれ、やってはいけない行為に及んでしまったことが何度かありました。

ランナーがたまると落ち着かなくなる。「抑えたい。抑えなきゃいけない。チームを勝たせないと！」。そう自分に言い聞かせれば聞かせるほど、余裕がなくなってくる。そして、本来、自分が投げるべきではないボールを投げ、相手バッターに痛打《つうだ》を食らい失点する。

無念の途中降板。グローブを地面に叩きつけ、ベンチ裏に退《しりぞ》いて壁に蹴りを入れる。物に当たるなど言語《ごんご》道断《どうだん》。でも、その瞬間の自分には感情を制御《せいぎょ》できる余裕なんてありませんでした。

先発としてチームから信頼されているにもかかわらず、負の感情に支配された挙句《あげく》にノックアウト。

「何やってんだよ、俺……」。そう自虐《じぎゃく》的になるわけです。

そんな僕でも、14年あたりになると「何があっても心を乱してはいけないな」と自分に言い聞かせ、実践できるようになりました。これに関して言えば、明確なきっかけがあったというよりは、苦い経験がそういう気持ちにさせてくれたのだと感じています。

チームプレーにおいてエラーはつきもの。打ち取りアウトになるはずなのに、ランナーの出塁を許してしまう。でも、実際にはそんなことは多くなく、自分の調子が悪く失点したのに、打線が点を多く取ってくれて勝った試合のほうがむしろ多いんじゃないないか。足を引っ張られているのではなく、自分はいつも助けられているんじゃないか――。

野球とは言うまでもなく得点を挙げなければ勝てません。僕はカープ時代に97勝していますが、野手のみんなは少なくともその試合の数の分、僕を助けてくれているわけです。

ならば、先発ピッチャーとしてエラーなんて気にしてどうする。野手だってエラーをすればへこむ。でも、僕がそのピンチを乗り切れば救われる。そういう思考になったことで、ピンチでもモチベーションを下げず投げられるようになったのは大きかったです。

「助け合いの精神」と言ってしまうと堅苦《かたくる》しいですが、「いつもお世話になっているんだから」くらいに考えれば、自然と周りのことを考えられるような気がしています。

チームの気の流れを常に把握する

メジャーリーグでは先発ピッチャーでも全試合チームに帯同《たいどう》します。中4日の登板サイクル、過密日程に長距離移動なども関係しているからでしょう。でも、僕はシーズン開幕から「これがメジャーのしんどさか！」とは全く感じませんでした。

よく、メディアの方にそうしたことを「大変だったでしょう」と聞かれます。その場では「しんどいですね」とは答えますが、本音は「いや、別に」です(笑)。

なぜ、そこまでしんどさを感じなかったのか? それは、飛行機移動が意外と快適だったからというのもありますが、カープ時代から常にチームに帯同していたので、僕にとってそれは当たり前のことだからかもしれません。


日本のプロ野球の場合、先発ピッチャーは中6日が通例ですから、自分の登板後にチームがしばらく遠征に行くとなれば「帯同せずに調整してくれ」となるのかもしれません。広島の場合は原則として先発も帯同することが義務付けられていました。

ただ、3連戦だけの短い遠征であったり、夏場など体力の消耗が激しい時期には「今回は大野(二軍施設)で調整してくれ」とコーチから指示されることもありましたが、僕は断っていました。どうしても「残れ」と言われたら仕方がないので受け入れますが、個人的にも「チームに帯同したい」という考えでした。


自分の身体をよく知る一軍のトレーナーさんにケアしてもらいたいといったことなど理由はいくつかありますが、大きなところで言えば気分の問題です。

気分というとゆるい感じに聞こえてしまいますが、チームから離れて練習していると、どうしても気持ちが下がってしまう。一軍の舞台で「絶対に優勝する!」という強い気持ちが薄れてきてしまいそうな気がして嫌なのです。

一軍でプレーする気持ちを保つためには一軍にいなければならない――。

遠征中にチームが連勝すれば、「よし。ホームで投げる試合もいい感じで臨めそうだ」と気分を高められる。もし、連敗してしまったのならば「俺がホームでいいピッチングをして、チームの嫌な流れを変えてやる！」と燃えてくる。

実際、チームが遠征中に大野に残って練習し合流した試合は、調整や気持ちのコントロールが非常に難しかった。「みんなの気持ちに追いつけていない」と感じていました。

チームは生き物ですから、1試合戦っただけで雰囲気が変わることもあります。

僕はその気持ちの流れを常にそばで察知《さっち》していたいのです。それを肌で感じながら調整やケア、ルーティンを抜かりなく行っていく。そうすることで、チームの一員としていつもの自分でいられる。チームとの意思疎通《そつう》は僕にとって不可欠な要素なんです。

いい流れ、悪い流れどちらであっても、そこに身を投じることで、自分を見失わずに済むのです。

大切なものは断固譲らない

人間、誰でも日々、不安と戦っているはずです。
「これが正しい道なんだ」と信じて突き進んでいても、ちょっと失敗したり、物事がうまくいかない場合には、ふと「本当にこれをやっていいのかな？」と不安が襲ってきます。

誰にでも「これだけは譲れない」と思う道があるはずです。自分にとって「たったひとつの大切なもの」。それだけは守り続けたほうがいいと思います。

中学時代は「誰にも打たれる気がしない」と自信がありました。世界大会にも出場しました。PL学園に進んでからも1年生の夏から甲子園のマウンドに立ち「桑田2世」と呼んでいただくなど、順調なキャリアを積んでいたのかもしれません。

でも、高校2年生の夏の大会が終わり、最上級生として新チームがスタートしたあたりから、不安が押し寄せてきました。2年時には甲子園に出ることはできませんでしたし、駒大苫小牧《こまだいとまこまい》の将大は夏に全国制覇《せいは》を果たしている。

「お前、このままじゃプロになんて行けないぞ」。OBの方たちなどから厳しい声もいただきました。子供の頃から「俺はプロ野球選手になる！」と1ミリも疑いを持たなかった自分にとって、人生で初めてと言っていいくらい強烈な不安が押し寄せてきました。

「俺、プロ野球選手になれなかったらマジでどうしよう……」

中学時代の同級生やPLのチームメイトなどは、野球を一生懸命にやりながらも大学進学など、卒業後の人生について他の選択肢を持っていました。でも、僕は野球一筋。プロ野球選手以外の進路など考えていなかっただけに、その道が絶たれた時の不安を考えると本当に怖かったことを覚えています。

でも結局、自分には野球しかありませんでした。

というよりも、「今がダメでもこれからがダメなわけじゃない。ずっとプロ野球選手になることを信じて野球を頑張ってきたんだから、今さらその目標を諦めるわけにはいかない」と、それまで以上に将来のことを考えながら野球に精進《しょうじん》してきたつもりです。

信念を持って「たったひとつの大切なもの」に取り組めば必ず報われる。そう信じたいのです。

プロになってから、そんな気持ちの支えになったのが刺激し合える同志「88年会」でした。88年生まれの僕と将大、坂本勇人《さかもとはやと》（読売ジャイアンツ）が発起人のように言われていますが、本人たちはあまり意識していません。僕らの世代は高校時代から将大がけん引していて、プロ1年目は千葉ロッテマリーンズの大嶺祐太《おおみねゆうた》、東京ヤクルトスワローズの増渕竜義《ますぶちたつよし》が一軍デビューを果たして、「同世代がやれるんだから、俺にもできる」と刺激をもらいました。

なかでも大事な球友が坂本勇人。同じセ・リーグで、お互い同時期に一軍の試合に出始めたので、対戦すれば「勇人だけには打たれたくない」という気持ちになりました。僕自身、そこまでライバル視しているわけではありませんでしたが、「同級生対決」として周りから注目していただいたので、試合の状況は別として勇人との空間を楽しんでいた部分はありました。

今では福岡ソフトバンクホークスの柳田悠岐《やなぎたゆうき》や、埼玉西武ライオンズの秋山翔吾《あきやましょうご》、中日ドラゴンズの大野雄大《おおのゆうだい》など仲がいい選手の活躍が目立っているので、僕も負けられないと思っています。

厳しい道が成長を促す

今考えると、僕がPL学園に進学するのは必然だったと思っていますが、中学に入った当初は「絶対にPLに行きたい！」とか、そこまでの願望はありませんでした。

僕の目標は甲子園に出ることではなくプロ野球選手になること。

当時から大学に進学する気はなく、最短距離でプロに行きたいというのが大きな目標でした。

今に繋がる道へと導いてくれたのが、忠岡《ただおか》ボーイズの阪川英次監督でした。中学1年生の冬。阪川監督から聞かれました。

「お前はプロ野球選手になりたいのか甲子園に出たいのか。どっちなんだ？」

迷わず「プロ野球選手になりたいです」と答えました。

「だったら、ＰＬ学園に行くのが一番の近道だと思うぞ」

阪川監督自身がＰＬ学園のＯＢだったこともあり「これだけの選手がプロに行っているんだ」と説明されると、幼さが残る僕でもＰＬに行くことの重要性を飲み込めました。

プロへの一番の近道。

それが僕の心を大きく揺さぶったのは間違いありませんが、一方でその「厳しい環境」にも惹《ひ》かれていました。

練習がしんどい、寮生活のルールも厳しい、上下関係もしっかりしている……。

ＯＢである阪川監督の言葉にはリアリティがありました。僕自身、当時から「チームメイトと和気あいあいと野球をやるのと、徹底的に厳しくしごかれるのとでは、絶対に厳しいほうが学ぶことが多い」と認識していましたし、その先10年、20年と野球をしていくなかで、自分を支えてくれる技術以上のものを身につけられるとしたら、PLなのではないかと。

一方で「地方の強豪でエースになるよりも、PLのエースになったほうが絶対に注目してもらえる」とも考えていました。つまり「PLのエース＝プロへの最短距離」と判断したのです。

PLに進学を決めた後は他校からのお誘いもなかったし（少なくとも僕の耳には入ってきませんでした）、自分自身も迷いはありませんでした。

阪川監督からPLの厳しさを散々《さんざん》叩き込まれ「やるしかないな」と覚悟を決めて入学しましたが、その厳しさは想像以上でした。

野球のしんどさなら耐えられる自信がありました。でも、上下関係や寮生活はちょっと……いや、かなり衝撃的でした。

一番のカルチャーショックは言葉遣いでした。いくつか例を紹介しましょう。

×「**昨日（きのう）**」→○「**昨日（さくじつ）**」
×「**今日（きょう）**」→○「**本日（ほんじつ）**」
×「**明日（あした）**」→○「**明日（あす）**」
×「**ひとり**」→○「**1名**」
×「**180センチ**」→○「**180センチメートル**」（**距離、重さなども正式名称で**）
×「**○○します**」→○「**○○いたします**」

などなど。かなり細かい（笑）。

PLに入学直後、言葉遣いや寮の規則、グラウンド整備や準備など、野球部の「鉄則」が事細《ことこま》かに明記されたノートを渡され「これを読んで、頭に叩き込め」と教えられるわけです。

中学時代に丁寧な言葉なんてまともに使ったことがなく、「敬語なんて『○○っす』って言っとけばいいだろ」程度に考えていただけに衝撃でした。

「マジ！　ここまでやらないとダメなの⁉」

入学してからしばらくは本当に大変でした。言葉遣いを間違えて怒られるのならまだしも、いきなり先輩から「今日のメシは？」（先輩は言っても大丈夫）と聞かれれば、ついいつもの習慣で「きょ……あ！　本日は」みたいになってしまう。もちろん、ばっちり怒られます。もう、頭はパンク寸前です。

「怒られるくらいなら喋らないほうがいいんじゃないか」とも思いましたが、やっぱり口に出さないと頭が覚えませんし、なにより、ずっと心の中でこう思っていました。

「こんな規則くらいで潰《つぶ》されてたまるか」

反抗心と言えば反抗心なんでしょうけど、僕はプロ野球選手になるためにPLの門を叩いたのです。純粋にそのモチベーションが勝っていました。

詳しくは後述しますが、寮生活も細かい規則が多かった。

朝起きると「またしんどい1日が始まるな」と毎日テンションが下がっていました。「明日なんて来なければいいのに……」と毎晩思っていたし、野球部の上下関係から解放される学校の授業が楽しくて、楽しくて仕方がなかった。

「学校って、こんなに素晴らしい場所なんだ！」と、高校生ながら感激したくらいです。教室で授業を受けることが、生まれて初めて嬉しかった記憶があります。

それくらい、野球部はしんどかった。

真剣に「俺、ストレスでハゲるんじゃないかな？」と思ったし、実際に血尿《けつにょう》が出たこともあります。それでも3年間を乗り越えられたのは、「プロ野球選手になりたい」という一途《いちず》な思い、そして、12人いた同級生の存在があったからでした。

みんなも同じようにしんどい経験をしている。

「俺はひとりじゃない」という紛《まぎ》れもない事実が大きな支えでした。

時には愚痴《ぐち》を吐き出し、またある時には励《はげ》まし合う。「みんなで頑張っていこうな」という共通の誓いが、僕たちを踏ん張らせてくれたのです。

今ならこうやって笑い話にできますが、本当にしんどかったんです！　でも、PLを選んで本当によかった。

中学時代に忠岡ボーイズで世界大会に出場したりと、それなりに実績のあった僕ですが、PL学園時代の恩師藤原弘介《ふじわらこうすけ》監督は「中学時代の実績なんか知らない。みんな平等だ。勝負に勝ち上がってこい」と特別扱いしませんでした。入学当時から「プロに行きたい」と言っていた僕の意向を尊重してくれ、投手出身のOBなど多くの人たちから情報を得て指導してくれたり、本当にお世話になりました。

全国にはPLよりも強い名門校は多かった。それなのに「PL出身です」と言うと「野球エリートじゃん」とほとんどの人が決めつける。

そういう認識を持っていただけるのはありがたいですし、それは先輩たちが築き上げてきた財産ですから嬉しいです。

でも、ＰＬ出身者はきっと、全員が思っているはずです。

「俺たちはエリートなんかじゃないから。高校時代にあんないばらの道を歩んできたのは俺らだけだし」と。

ＰＬ学園野球部は16年夏を最後に休部となり非常に残念ですが、そのプライドだけは絶対に消えません。

自己分析から目をそらさない

「うわぁ……死にてぇ」

何かに失敗した。落ち込んだ。そんな時、読者のみなさんも本心ではないとしても、そう口に出してしまったことがあるのではないでしょうか。

僕はカープ時代に一度、本気でそんなネガティブな感情になったことがあります。

プロ3年目。先発ローテーションの一角として2年目のシーズンとなった09年、僕は開幕当初は2連勝を挙げ、幸先《さいさき》のよいスタートを切ることができました。

ところが……。その後、全く勝てなくなった。約1か月半、6試合勝ち星なし。この頃から徐々に周囲の目が気になり始めました。

プロ1年目はずっと二軍暮らし。一軍で先発ローテーションを務める先輩たちに対して「羨《うらや》ましいな。打たれてもローテーションを任されるだけ幸せだよな」と感じていたものです。でも、実際に自分がその立場になってみると、その感情はまるで正反対でした。

「こっちのほうが全然きつぃ……。『負けていても二軍に落ちなくていいな』なんて考えは甘すぎた。二軍にいたほうがずっと楽だったわ」

一軍を目指して死に物狂いで練習しているチームメイトには申し訳ないのですが、本気でそう思っていました。

5月下旬からまた勝てるようになってひと安心していたら、6月28日の中日ドラゴンズ戦から再び負け続け、8月18日の中日戦まで8試合投げて0勝7敗……。負けている最中《さいちゅう》はメディアの風当たりも厳しく、ファンのため息も大きくなる。声援や拍手が減ってくるのが実感できるくらいでした。チームメイトが僕を気遣い食事などに連れていってくれても、ふとした瞬間に「俺、何やってんだ？　全然勝っていないのにこんなことしていていいのかな……」とへこむ。

マウンドに上がりたくない。でも、投げなければならない。

練習にも身が入らない。投げたくない。投げたら打たれる――。当時の僕は、完全に負のスパイラルに陥っていましたし、心が完全に弱っていました。

「本気で死にたいんですけど……」

ピッチングコーチにも本来なら有り得ないようなことを平気で言ってしまっていました。あの時期は、生まれて初めてと言っていいくらい野球が楽しくなかった。

「野球なんてやらずに、普通の生活をしていたら、こんなに苦しくなかったんじゃないか」

社会で生きていれば、みんなそれぞれが苦労をしているなんて当たり前のことを、この時の僕には考える余裕がありませんでした。この苦しみから逃れたい。それだけでした。


野球選手としても人間としても、スランプに陥っていた僕にとって、浮上《ふじょう》のきっかけとなったのが、8月26日のヤクルト戦で収めた約2か月ぶりの勝利でした。

9回1失点の完投勝利。たった1勝。それが、当時の僕にとっては、とても重みのある勝ち星だったのです。「やっと連敗から抜けられた……」。その安堵《あんど》感が、自分にいつものゆとりをもたらしてくれたのです。

「なんで俺は勝てなかったんだろう？」

冷静に理由を分析しました。気がついたのは、まず、各チームのエース級と対戦することが多かったということ。

「じゃあ、あの人たちと俺の違いは何だろう？」

さらに深く自分のピッチングを考えると、圧倒的に勝負弱かったことに気づかされました。

エースと呼ばれる存在とは、「このイニングが勝負所。絶対に抑えないといけない」という展開で必ず抑えるもの。でも僕は、負け込んでいたこともあり、ピンチになると「どうしよう。また、打たれる……」と動揺していた。

それまでは「バッター一人ひとりを抑えていこう」としか考えられませんでしたが、それが「勝負所を見極《みきわ》めよう。打たれるのは仕方ないんだ」と自分に言い聞かせられるようになり、重荷がすっとなくなったように気が楽になりました。

ヤクルト戦以降は4勝2敗。シーズンでは8勝14敗と大きく負け越してしまいましたが、実戦のなかで鍛《きた》えてもらったと今は思っています。

当時の僕は先発としては5番手くらいの立場でしたが、投げさせてもらえる喜び、負けてもマウンドに立たせてもらえる幸せを痛感した1年でもありました。

打たれ続けても投げなければならないのは、今でもかなり苦痛です。逃げ出せるものならば逃げ出したいと思う時だってあります。それでも、たった1勝で救われることもある。その積み重ねによってチームの信頼感も高まる。

「しんどいことを数多く経験した人が、この世界で上り詰めていける」

あまり、しんどいことは経験したくありませんが、レベルアップできるのだから、それも受け入れて精進していきます。

責任感が人を強くする

緊張には、いいものと悪いものの2種類があります。

いい緊張とは、前述したようにそれを受け入れてパワーに転換できるもの。

悪い緊張とはネガティブな感情に苛まれて、勝手にプレッシャーを感じてしまうものだと思います。

「緊張は誰だってする。打ち消そうとするからよくないんだ」と偉そうなことを述べてしまいましたが、僕自身、それを咀嚼《そしゃく》できない時期がもちろんありました。

カープ1年目のシーズンが終わって間もなくのこと。練習後に二軍のマネージャーに呼ばれ、唐突《とうとつ》に告げられました。

「来年、背番号は18番だから」

僕は、反射的に思いました。

「いや、無理でしょ！」

広島東洋カープの18番と言えば、佐々岡真司《ささおかしんじ》さんが付けていた偉大な背番号。当時、先発として100勝、抑えとしても100セーブを達成した選手は江夏豊《えなつゆたか》さんと佐々岡さんしかおらず、紛れもなく「カープの顔」でした。佐々岡さんは、僕が入団した06年オフシーズンで現役を引退されましたが、本来、実績を残された選手の背番号というのはしばらく空き番号になるのが一般的です。「その番号を任せられる選手が出るまでは」という感じですね。

1年目の僕はというと、一軍での登板はゼロ。二軍でも5勝8敗、防御率3・99と、あまりいい数字は残せませんでした。それだけにびっくりしたし、「絶対、俺に背負える番号じゃない」と不安で仕方がありませんでした。

「18番を背負って打たれたら恥ずかしい」

緊張感を通り越してプレッシャーに苛まれていました。まだシーズンが始まってもいない春季キャンプでも、「カープの新たな18番」とかメディアに注目されるのに抵《てい》抗《こう》を感じる……。ユニフォームはおろか、「18」とプリントされているTシャツなども徹底的に拒《こば》み、背番号が入っていないウインドブレーカーを着て練習していました。当時の僕はそれくらい戸惑《とまど》っていたんだと思います。

18番を拒絶している自分がいる。でも、周りは期待を寄せてくれている。ありがたいけど困る。そんな微妙な感情だった僕が前向きになれたのは、やっぱり18番の重みと、それを背負い、結果を出し続けた佐々岡さんの存在でした。

「若くして18番を背負って大変だろうけど、頑張ってほしい」

「僕自身、『まだ早いかな?』と思っていたけど譲ってよかった」

メディアを通じて、佐々岡さんの温かい発言に触れるたびに、ネガティブな感情は次第に薄れていき、モチベーションへと変わっていきました。

「やらないといけないな。恥ずかしいとか言っていられない。18番を付けて二軍にはいたくない。佐々岡さんのようにエースと呼ばれるピッチャーにならないと」

徐々に緊張や重圧を受け止められるようになっていきました。もちろん、それまでも練習は真剣にやっていましたが、そこに「自覚」がプラスされたことによって、より高い意識で野球に取り組めるようになったと思います。

初めて18番のユニフォームを着て迎えた08年は、先発ローテーションとして9勝を挙げることができました。結果を手にして初めて、少しは周囲の期待に応えられたかなと思えたのを覚えています。

重圧をパワーに転換するにはまず、それを自覚して受け止めきることが必要なのだと思うのです。

日本一のピッチャーからの無言の激励

10年5月15日。マツダスタジアムで僕は、マウンドではなく打席で不思議な感覚に襲われました。

「なんで、こんなボールを投げてくるんだろう?」

「ピッチャーの俺に対して、あんなにキャッチャーのサインに首を振るなんておかしいだろう……」

この日が初めての対戦となる北海道日本ハムファイターズ（当時）のダルビッシュ有さんは、07年に沢村賞や前年にパ・リーグMVPに輝くなど日本を代表するピッチャーでした。僕自身、投げ合えることがとても光栄だったし、打席でも「どんなボールなんだろう」と楽しみでした。

明らかに本気で投げてきている。野手に比べると到底《とうてい》打てると言えるレベルではありませんが、僕はバッティングにも少なからず自信を持ってはいました。

本来、打席に入るピッチャーというのは、相手からすれば「簡単に打ち取れるバッター」なわけです。にもかかわらず、ダルさんは野手に投げるようなボールをどんどん投げてくる。ストレート、スライダー、カーブ、チェンジアップ、ツーシーム……。「ダルビッシュさん、持ち球を全部投げる気か?」と、疑ってしまうような本気の攻め方だったのです。

結果的に僕はショートゴロ、セカンドゴロ、レフトフライ(これは、まあまあいい当たりでした)の3打数無安打に終わりました。でも、ピッチングでは完封勝利と、こちらでは面目躍如《めんもくやくじょ》だったので満足はしていました。

驚かされたのは試合が終わってからのことでした。僕自身、たしか、それを知ったのは、その翌日か数日経った後なのですが、ダルさんはご自分のブログで僕との対戦をこのように振り返ってくれていたそうなんです。

〈全部ではありませんが、僕の持ち球をほとんど投げさせてもらいました。前田君に

はセ・リーグを代表するピッチャーになってもらいたい〉

心から嬉しかったです。沢村賞を獲った「日本一のピッチャー」に自分は認めてもらえた、と。ただ、せっかく対戦できたご縁もあるし、前々からダルさんとはお話ししたかったので、試合翌日にご挨拶させていただきました。そこから、僕とダルさんの交流が始まり、数多くのことを学ばせていただきました。

本格的にダルさんと話すようになったのは、この年のオールスター戦から。セ・リーグとパ・リーグ、敵同士ではありましたが、ダルさんはそんなことはお構いなしで、僕を食事に誘ってくれました。

「俺とは考えている次元が違うな」

野球の話をいろいろとさせていただき、率直にそう思いました。トレーニング方法のバリエーションはもちろん、そのアプローチの仕方。サプリメントなどの栄養の摂《せっ》取《しゅ》方法に関しても、それを飲む時間帯など全てが緻密《ちみつ》な計算のもとに成り立っている。技術的な話題になっても、ダルさんは身体の構造から動かし方まで専門的な知識が豊富。僕なんかもそうですが、実は、プロ野球選手で技術的な解説をしっかりと言葉で伝えられる人は多くはありません。自分の身体は自分が一番分かっているわけですから、どうしても「腕をしっかり振る」みたいに感覚的な表現が多くなってしまうのです。

でも、ダルさんは「ここを動かすと、次の動作に生きる」といったように、具体的に分かりやすく教えてくれる。

ある年、僕はツーシームという変化球がうまく投げられずに悩んでいたこともあり、ダルさんに相談しました。するとボールの回転のかけ方など、僕に分かりやすく説明してくれました。とにかく、何を聞いても答えてくれるのです。

それまでも自分なりに考え、野球に取り組んできたつもりでしたが、ダルさんとお話しさせていただくようになってから、改めて自分の甘さに気づかされたのです。

「ダルさんはもともと、ピッチャーとしての能力が高いのにあんなに努力している。そんなダルさんより劣《おと》っていて、何も考えていない自分が勝てるわけがない」

もちろん、家族や周りの方々のサポートがあってこそなのですが、トレーニング方法や身体のケア、食事面、コンディショニングなど、純粋に「これをやったらいい」ではなく、自分のなかで自問自答して、しっかり答えが導き出せたものを取り入れたり。そういう努力に対する考え方そのものが変わるきっかけになりました。

なによりも尊敬しているのは、その器《うつわ》の大きさ。

味方だろうと敵だろうと、自分に意見を求めてくる人を絶対に拒まない。だから、常にダルさんのもとには多くの選手が集まっているのです。自分が伝えられることは全部伝えていこうというスタンスは、僕もそうありたいと常に実践しています。

レジェンドと戦える喜び

16年4月26日。この日は僕にとって「歴史的な1日」となりました。

子供の頃、オリックス・ブルーウェーブ（現オリックス・バファローズ）時代から憧《あこが》れていた、あの、スーパースター・イチローさんを初めて生で見ることができたのです。握手もさせてもらい、お話しさせていただくことができたわけですから、決して大げさな表現ではありません。それくらい、重要な出来事でした。

その瞬間に至るまでの緊張感といったらもう、相当なものでした。

「できるものなら挨拶に行きたくない」

「俺という人間が、存在していないことにしたい」

本気でそう思っていました。緊張しすぎて、その場から全速力で逃げ出したかった。不安しかない。悪いイメージしか思い浮かばない……。

「もし、イチローさんが挨拶を返してくれなかったらどうしよう……」

「だったら、いっそのこと挨拶なんてしないほうがいいんじゃないか？」

「いやいや、ここで挨拶しなかったらヤバいでしょ！」

　この日の試合は、ドジャースのホームであるドジャースタジアムで行われました。本来ならば自分の居場所であるはずなのに、目の前にイチローさんがいるだけで別空間に思えてしまう。完全なアウェー。

　しかもイチローさんは、試合前の準備、ご自身のルーティンをとても大事にされている方です。僕が声をかけてしまったことでイチローさんのペースを乱したりはしないだろうか……。

　練習が始まってからでは手遅れになってしまう。明日ではダメなんだ。今日、この瞬間に挨拶をしなければ「前田健太は無礼《ぶれい》なヤツだ」というイメージを持たれてしまうだろう。

　僕は、覚悟を決めました。

「は、初めまして……前田健太です」

　全身ガチガチ。普段は「すぐに投げられるように」と、マエケン体操などしっかり準備をする僕が、ですよ。もう、そんな余裕なんてありませんでした。

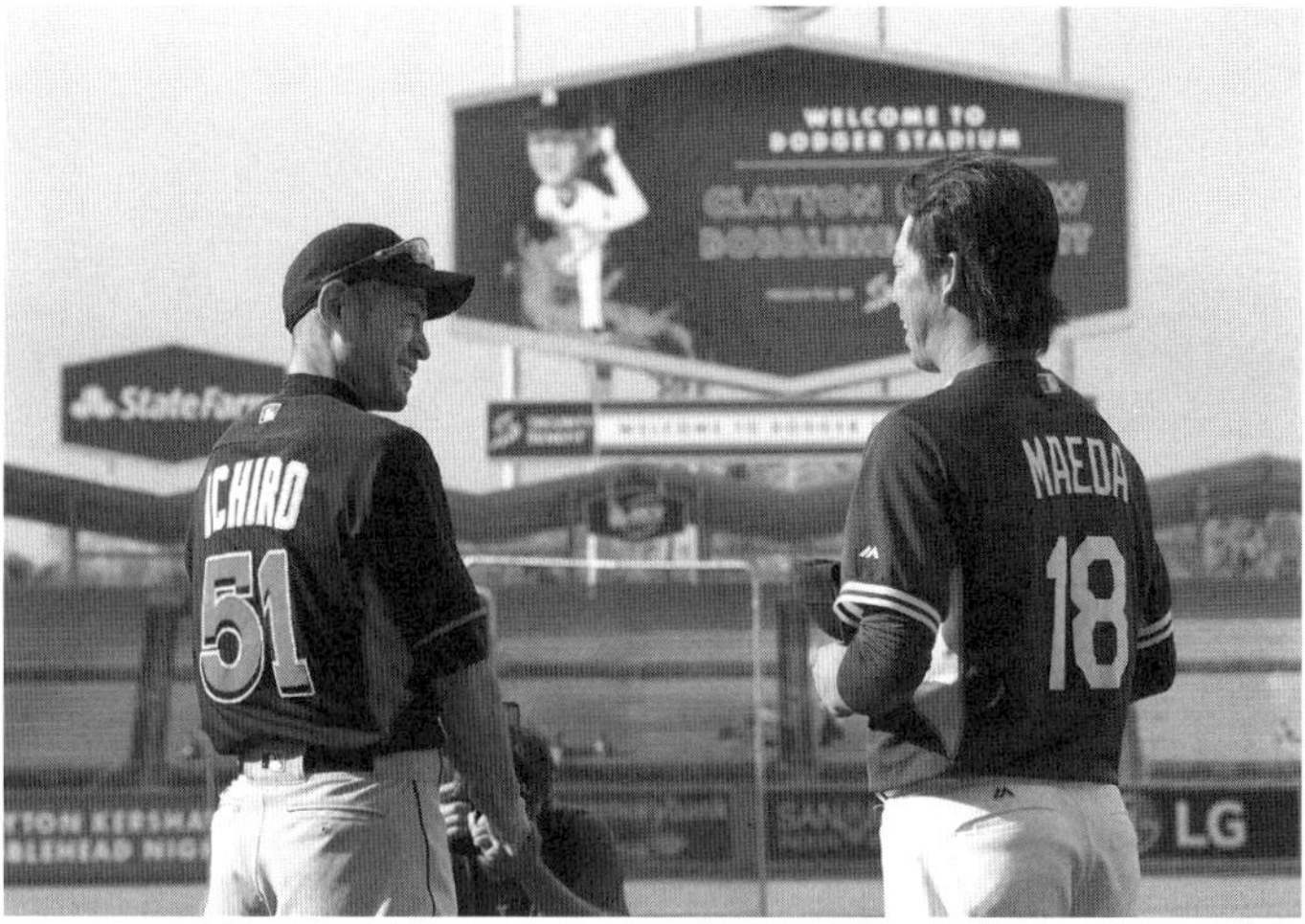

「お前、緊張しすぎだって！」

え？　イチローさんは満面の笑みを浮かべながらそう言ってくれたのです。思わぬ返答に、それまでこわばっていた全身の力が一気に抜けていくような感覚でした。

「いや、緊張しますよ！」

ホッとしたなんて表現では収まりません。それまで「消えてなくなりたい」と本気で思っていたのに、イチローさんは気さくに、優しく接してくれる。僕が勝手に抱いていたイメージとは真逆《まぎゃく》の対応、そのギャップに完全にやられてしまいました（笑）。

迎えた28日のマイアミ・マーリンズ戦で、僕はイチローさんとメジャーリーグの舞台で対戦することができました。

イチローさんは僕よりも15歳上の大先輩。自分がカープに入団した時はすでにメジャーで大活躍されていたので、対戦できるなんて夢にも思いませんでした。それが今、実現できている。僕がメジャーのマウンドに立てていること以上に、イチローさんがそれまでの期間、世界最高峰《さいこうほう》で、しかも第一線で活躍し続けていることのほうがすごい。

イチローさんとの初対決は2回に訪れました。

打席に入るまでのルーティンを見ながら「すげぇ！ 生で見られた」と感激する自分。目の前にいるイチローさんは敵です。ヒットを打たれればチームに迷惑がかかるし、当然、打ち取るためのピッチングは心がけていました。でも、本心は「抑えてやろう」ではなく「イチローさんと対戦できるんだ」と感動している。まるで野球少年に戻ったような、そんな感覚でした。

この試合ではイチローさんと3打席対戦し、ノーヒットに抑えることができました。その一方で、僕自身のピッチング内容は7回途中4失点で敗戦投手。ここは反省しないといけませんでしたが、僕にとっては本当に素晴らしい1日となりました。

その後、9月11日もイチローさんと対戦させていただきましたが、そこで感じたのは「やっぱりイチローさんはレジェンドだ」ということ。

敵味方問わず、球場のファン全員がイチローさんを拍手で出迎え、バッティング、守備、走塁、全てのプレーに注目している。ブーイングなんて一切ありません。ドジャースの選手たちもイチローさんを心から尊敬している。

同じ日本人としてイチローさんを誇りに思いますし、16年は、そんな偉大な野球選手と同じ舞台で戦える幸せを噛《か》み締めた1年でもありました。

PL用語辞典

ここでは、PL学園のシステムと、僕が実際に行っていた処世術のようなスキルを一部紹介します。

先輩から怒られないためにはどうすればいいか？　用事を頼まれないようにするためにはどうすればいいか？　当時の先輩たちには申し訳ないのですが、これはもう「時効《じこう》」だと思って許してください。

【PL学園野球部の1日】

学生寮自体の起床時間は6時半ですが、当番となる後輩は6時までにグラウンド整備をしなければならないので、5時前には起床しなければいけません。その他の後輩たちも6時前にはグラウンドへ行き、正座をして先輩たちを待ちます。朝練《あされん》が終わったら朝食、寮の掃除をしてから登校。そこからは至福《しふく》の授業時間となりますが、たまに朝練後のグラウンド整備を忘れるヤツがいたので（僕も何回か……）、授業中に抜け出して整備をすることもありました。

授業の時間割にもよりますが、放課後は15時か16時には2キロ先にあるグラウンドへ走って向かいます。途中に学生寮があるので玄関にカバンを放り投げて、ユニフォームに着替えて再び走り出します。

練習終わりは20時前後。グラウンドの横に洗濯場があったので、先輩たちのユニフォームを集めてそこで洗濯をします。

その後、寮の食堂で夕ご飯を食べてから先輩たちの夜間練習のお手伝い。学生寮の消灯時間が23時なので、22時50分には全員寮に帰ります。本来ならそこで寝られるところなんですが、夜間練習で汗をかいた先輩のジャージもその日のうちに洗わないといけないので、寝る時間は日によって違いました。

【付き人制度】

ＰＬ学園野球部の伝統で、僕らの在学期間にもその制度はありました。主に1年生が特定の3年生の身の回りのお世話をする。食堂でのご飯の用意から洗濯、その他細かい雑用まで……。まさに「付き人」状態ですね。

【洗濯】

「ユニフォームの洗濯はグラウンドで終わらせるように」というルールがあった

ので、練習後に洗濯機で洗います。ただ、雨や曇《くも》りで乾《かわ》きが遅くなるような日は、先輩が寝ている間や翌日に早く起床してドライヤーなどで乾かしていました。

夜間練習後のジャージに関しては学生寮の洗濯機と乾燥機が使えるので、先輩たちが消灯した後にそれを使用します。先輩によってユニフォームやジャージのたたみ方が違うので、その手順に従って。重ねる順番も着る順番に合わせて枕元《まくらもと》に置きました。

【食事】

研志寮があった時代は、後輩たちが先輩たちにご飯を作っていたそうですが、僕たちは学生寮の食堂でした。1年生の飲み物は冷水器の水のみ。マヨネーズや醤油《しょうゆ》、ソースなどの調味料は使用禁止。だから、たまに先輩からコーラの残りやラーメンのスープをもらっただけで、死ぬほど嬉しかった。「このコーラをどうやって時間をかけて味わおうか？」とか「ラーメンのスープだ！　これをどうやって飲めばご飯をおいしく食べられるだろう」とか……。そんなことだけでも僕らはすごく感動していたんです。はたから見れば、とてもシュールな絵面《えづら》だったでしょうけど（笑）。

【男女交際】

「男女交際禁止」。これは校則でした。学生寮はもちろん男子と女子に分かれていましたから、授業が終わればなかなか会うことはできません。それは仕方がないにしても、校内で交際していない男女が1対1で話しているだけでも、先生に見られたら「何を話しているんだ！」と怒られるような校風。校舎裏とか体育館横とか、他の高校のカップルが会っているような定番の場所で見つかったら一発アウト。「外出禁止」などの謹慎《きんしん》を食らいます。それでも付き合っている生徒はたくさんいましたけどね。

【学生寮】

10畳以上の大部屋で、部活動や学年に関係なく14人で生活します。野球部は1年生と3年生の組み合わせで振り分けられますから、気が休まる時間なんてありませんでした。

1年生は、野球部以外の生徒とは「はい」と「いいえ」しか会話が許されていなかったのですが、それでも僕は「仲良くしていきたい」と元気いっぱい、明るく振る舞っていたので、野球部以外の3年生の先輩から「野球部の1年は大変だろ」とこっそりお菓子やジュースをいただいていました。

2年生はなぜか2年生だけの部屋だったんですが、3年生がたまに見回りに来るので「俺たちは自由だ」とか調子に乗っていると当然のようにお叱《しか》りを受けることに。

【目覚まし】

早朝練習に向かう野球部員の目覚まし時計が早く鳴ることで、他のみんなを起こしてしまうのは申し訳なかったので（みんなとは、主に野球部の3年生ですが）、時計を抱いたまま床に就いて「ピッ！」とアラームが鳴った瞬間に止めます。

「そんなことできるの？」と思われるでしょうが、規則に縛られた厳しい環境で毎日生活していたら、間違いなく誰でもできるようになります。入学して数か月後には体内時計で起きられるまでに。何事も訓練あるのみです。

【同級生観察】

これは主に校内でのテクニックですが、できるだけ先輩たちと絡《から》まない努力をしていました（笑）。

学校生活は僕にとって大切な自分のための時間なので、できるだけ誰にも邪魔《じゃま》をされたくない。だから、野球部の同級生の行動は常にチェックしていましたね。

野球部には「ジュースを飲んではダメ」という規則があるのに、校内で油断をしているのか、欲望に打ち勝てずに自動販売機でジュースを買うと先輩に見つかる。普段、廊下《ろうか》を歩いていてもすれ違うことが少ないはずなのに……です。これは「上下関係あるある」かもしれませんね。

食堂でお昼ご飯を食べる際にも、細心の注意が必要です。生徒たちは食券を購入して順番を待つわけですが、当然、お昼休みには先輩もそこにいる確率が高いわけです。なのに、平気で先輩の前を通るヤツがいる。「何かご用はありますか？」と言いに行くのと同じじゃないですか（笑）。もちろん、何かしら頼まれます。当たり前です。僕は遠目から「バカだな」と笑って眺めていました。

いい意味で思い切りがよいのかもしれませんが、僕にとって、それはかなりリスクが高い行動。自分の時間は1秒でも確保しておきたい。だから、そういうワンシーンを反面教師にしつつ「あいつが怒られている時間が、自分の使える時間になる」と、できた時間を有効に活用していました。

【桑田ロード】

桑田真澄さんが高校時代、毎日何時間も外野のフェンス沿いを走り続けていたことで、その周辺の芝生が剝《は》げて道となり、「桑田ロード」と名付けられました。ピッチャー陣定番のランニング場所でもあったのですが、数日間そこを走らなかったりすると少しずつ芝生が生え始めるので、先輩から「1年、それを消すな！走れ！」と言われたり。

でも、そのためにレフトからライトまでの百何十メートルを何本も走りたくはないので、先輩が見ていない時を見計《みはか》らい、芝生が生えている箇所で何度も足踏みしていました（笑）。

【水分補給】

練習中に水が飲めなかったので、水分補給に関しては試行錯誤を繰り返して数々の技を編み出すことに。夏場など暑い時期であれば、お昼休みに大量の氷を帽子の中に仕込んでおく。保管場所はなるべく日陰にしておくこと。

練習が始まる頃には帽子に程よく水が染み込んでいて、それをかぶると上から水分がいい感じにしたたり落ちてくるので、それを飲む。汗と水が混ざるので少ししょっぱいですが、それでも冷たくておいしい。最後に帽子のつばを口で吸って、染み込んでいる水をかき集めていました。

ボールをあらかじめ仕込んでおくこともテクニックのひとつです。PLにはバッティング練習などで場外ホームランを打つ先輩が多いですから、そのボールを拾いに行くふりをして、グラウンドの外に出ることも可能なわけです。グラウンド外の水飲み場で水分補給して、仕込んでおいたボールを持って戻れば疑われずに済みます。かなり有効な手法です。

イレギュラーでもうひとつ。たまに先輩から「1年、水を飲んでもいいぞ」と水分補給の許可をいただくことがありました。その際も効率よく水を飲む要領のよさが必要です。先輩の号令がかかった時点で、自分のいる場所が水飲み場から遠ければ、前のほうに並べない確率が高い。

先輩も気まぐれですから「もう、終了」と言われたら、飲めない部員も出てくる。その事態を回避するために、「そろそろ飲めそうだな」というタイミングを的確《てきかく》に予測し、水飲み場の近くに移動する。近ければ近いほど、一番で到着する可能性が上がり、十分に水を飲むことができるわけです。

【頭から湯気を出す】

冬場の練習ではランニングがメインになるのですが、監督やコーチから「頭から湯気が出たら練習を終わらせてやる」と言われる日がありました。でも実際には、頭から湯気なんてそう簡単には出ません。だから、練習メニューが変わるタイミングなどを見計らって寮に行き、お湯を頭にかぶって湯気を出すという最終奥義《おうぎ》。毎回やると怪《あや》しまれますから、「今日の練習はかなりきつそうだな」という時のために取っておくことが肝心です。

【前田菜園】

3年生になったばかりの頃に一度、謹慎処分を受けたことがありました。その罰として、僕は練習用の白いユニフォームを着てグラウンド近くの草むしりをやらされました。友達がいる高校と練習試合をしたりすると「お前、そんなところで何やってんの？」と笑われたり……。最初の頃はそれがすごく恥ずかしかったのですが、次第に「責任感がなかった」と改心し、「せっかくやるなら、グラウンド周辺を徹底的にきれいにしてやろう」と。

真剣に草をむしり、土を耕し、余った土で階段を作る。完成した様子はちょっとした家庭菜園さながらの美しさ。最終的に1週間ほどで謹慎処分は解かれましたが、あれはあれでいい経験でした。「桑田ロード」ならぬ「前田菜園」はきっと伝説にもならず、雑草《ざっそう》がボーボー生《お》い茂っているんだろうなぁ……。

4章

前例がない、に怯えない

道を創《つく》る

プロ野球選手になって活躍できれば、高級車や高級時計など高価な物を買うことができます。子供たちがそういった選手の姿を見れば「プロ野球選手ってすごい」と憧れるかもしれません。「いつか自分もそうなりたい」と夢を与えることにもなる。

でも、僕にはその感じがしっくりきません。バラエティ番組などで公表されることもありますが……。できれば、自分が普段はどんな自動車に乗って、どんな時計を身につけているのかなんて知られたくない。

もし、誰かに見られるのであれば、自分が仲良くしている後輩や、まだ一軍で活躍できていない若手選手だけでいい。「俺もマエケンさんみたいになって、いい物を買いたい」と、彼らの努力や成長のモチベーションになるのであれば。

カープ時代、そのための道は創ったつもりです。

13年に15勝を挙げ、シーズンオフの契約更改交渉で7000万円アップの2億8000万円でサインしました。プロ野球選手にとって年俸が上がるということは、球団から評価されたことにもなるので嬉しい。でも同時に、僕の心の中にはこのような感情が芽生《めば》えてきました。

「3億円プレーヤーになりたい」

カープの選手間では「3億円の壁は越えられない」と言われ続けてきました。生え抜き、カープ一筋の先輩たちでさえ、3億円には手が届かなかった。僕は3億円まで「あと2000万円」のところまで来ている。今後の結果次第では到達できるかもしれない。自分では期待感がありましたが、先輩たちから「前例がないんだから、お前も絶対に無理だ」と何度も言われてきたのも事実です。

でも、今のカープでそれを実現できるのは俺しかいない――。

傲慢かもしれませんが、それだけ結果を出してきたというプライドもあったし、「自分が前例を作らないと、カープでは永遠に3億円プレーヤーが出ないのではないか」という責任感のようなものもありました。14年は前年を下回る11勝に終わってしまいましたが、契約更改交渉前に設けられる下交渉で球団にはっきりと伝えました。

「前例を作りたいので、僕はどうしても年俸を3億円にしていただきたいんです」

球団は僕の要望に応えてくれました。

今のカープには、これからもっと活躍できる選手がたくさんいます。僕が3億円に到達したことで「次は俺も!」と思う選手もいるだろうし、そういった可能性を広げられたことに胸をなでおろしました。

もっとも、15年に黒田さんがカープに戻ってきた際の推定年俸が4億円だったので、カープ史上最高年俸の記録はあっさりと塗り替えられてしまったのですが。黒田さんはメジャーでも実績を積まれた方だし、なにより球団のレジェンド。僕自身、最高額とかそういう部分にはこだわりがないので構いません（笑）。生え抜きとして3億円に達し、後輩たちに道を創れた。それだけで満足です。

右ひじの異常の真相

自分が信じて続けていたことが否定されたような、そんな不安に襲われたのが、ドジャースとの契約間近で判明した右ひじの異常でした。

野球を始めてから自分の身体の強さには自信がありましたし、「投げやすいように」とマウンドに上がる前にはマエケン体操をしたり、ケアには注意を払ってきたつもりです。それが、渡米後のメディカルチェックで球団から「イレギュラーな点が見つかった」と診断結果を報告されたのです。しかも、「将来的に右ひじにメスを入れる可能性がある」とも伝えられました。

ドジャース自体、大型契約を結んだ選手がシーズン開幕直後にトミー・ジョン手術を受けることになったりと、獲得した選手の故障が続いていたこともあり慎重になっていたこともあるのでしょう。ちなみにトミー・ジョン手術とは、ひじの側副靭帯《そくふくじんたい》再建手術で、この手術をすると、実戦登板できるまで最低でも1年以上はかかるのです。

僕の場合は特に、ポスティングシステムという「落札制度」での契約となりますから、ドジャースは僕の契約金と年俸とは別に多額の落札金額をカープに支払わなければならない。選手に怪我をされてしまえば大損《おおぞん》です。プロ野球とはいえビジネスですから「リスクを抱えてまで契約することは避けたい」というのが本音でしょう。

「右ひじの異常が見つかった」と結果を受けた際にはびっくりしました。

僕は「メジャーでも万全《ばんぜん》な状態で投げられる」と確信を持っていたからこそ、ポスティングシステムを利用してのメジャーリーグ挑戦をカープにお願いしていたわけですし、その準備だってしてきました。

カープに入団してからチームのためにひたすら投げ続けました。故障しないように身体のケアやコンディショニングにだって注意を払い、怠ったことなんて一度もありませんでした。もちろん、大きな故障だって一度もありません。

それなのに、その投げ続けてきたことが診断結果となって表れてしまった。

自分が頑張って取り組んできたことがマイナスと判断されたわけです。積み上げてきたものが否定された。心が弱くなっていく自分を感じ取れました。

「せっかくここまで来たのに、契約が破談《はだん》になるかもしれない」

滅多《めった》に泣かない僕が泣きました。妻の早穂も泣いていました。野球人生で初めてと言っていいくらい、あの時は精神的にきつかった。いつもなら辛い現実でもプラスに転換して受け入れてきた自分が、できそうにない。完全に余裕を失っていました。

「え？　ダメなの？　アメリカに行けないの？」

もし、故障する可能性が高いのであれば、仮にドジャースと契約して投げることができても、右ひじは悪くなる一方。

ピッチャーの場合、ひじや肩の故障となれば「投げながらよくなっていく」なんて荒療治《あらりょうじ》は絶対にあり得ません。さすがにあの時は、今後の野球人生を考えると不安を通り越して恐怖しかありませんでした。

だから、アメリカでのメディカルチェックを終えて日本に帰ってきてからも病院へ行き、検査を受けました。セカンド・オピニオン、サード・オピニオン……。

「ここでも、リスクがあるとか言われたらどうしよう……」。不安はありました。でも、先生からは「今すぐどうなるという問題ではありません。だから、そんなに不安になることはないでしょう」と言ってもらえました。かなりホッとしましたね。

最終的にドジャースとも契約できましたから、「ちょっと悪い流れに自分が乗ってしまったんだな」と気持ちを切り替えるようにしました。

とはいえ、やっぱり「リスク」が見つかった以上は、より一層、身体のケアに細心の注意を払わなければなりません。そんな時に、僕にいい流れがやってきました。トレーナーの渡邊誉さんとの出会いです。

日本には球団専属のトレーナーが数人いますから心配ありませんでしたが、メジャーリーガーはマッサージを受けない選手が多いので球団に頼るわけにはいかない。かといって、アメリカ人のトレーナーと個人契約を結んでも、僕は英語が話せないのでコミュニケーションも細かくとれないだろうし、多少なりとも意見の食い違いが生じてくるだろう。そんな時に、僕の代理人を通じて渡邊さんを紹介されたのです。

渡邊さんは、プロ野球選手などアスリートを担当していた経験豊富な方でした。一度、マッサージを受けさせてもらい「これなら、お任せできるな」と即決でした。僕自身、これまでパーソナルトレーナーと契約を結んだことはありませんでしたが、一発で渡邊さんと出会えたのは幸運でした。

メディカルチェックで異常が見つかり、不安になった。でも、それがあったからこそ結果的に身体に対する意識がより高まったと思っています。

マエケンパターンが、いつか役立つ

メディカルチェックで右ひじの異常が見つかった——。

この事実だけで契約の可否《かひ》を決めるのであればおそらく破談。

でも、僕にはカープでプレーを続けていくという選択肢はなかった。

数年前からカープにメジャーリーグへの挑戦をお願いし、15年にやっと了承してもらえた。チームメイトや友人たちも快《こころよ》く、なかには泣きながら送り出してくれた人もいる以上、なんとしてでもメジャーのマウンドに立ちたかった。だから僕は、代理人にお願いしました。

「年俸は低くてもいいから、可能ならインセンティブ込みで交渉してほしい」

インセンティブとは出来高払いのこと。これならば、球団のリスクを軽減できるだろうと考え、インセンティブを前提《ぜんてい》とした交渉を各球団にしてもらうよう、代理人に頼んだのです。

僕に興味を持ってくれた球団と交渉していく過程で、ドジャースの倍近くの基本年俸を提示してくれる球団もありました。でも、インセンティブを含めた総額と比較するとなかなか決め手に欠ける部分があった。契約年数や環境など金額以外の条件と照らし合わせた時に、ドジャースであれば黒田さんをはじめ日本人選手が数多く所属していたチームだし、困った時にはアドバイスをいただきやすい——。そんな要素が最終的な決め手となり、ドジャースを選ばせていただきました。

ドジャースでの基本年俸は312万5000ドル。当時の日本円で3億7000万円くらい。メジャーリーガーの平均年俸が400万ドルですから、まあ、単純に比較するなら低いですね（苦笑）。だから、代理人からすれば満足のいく結果ではなかったと思います。実際、「日本で貰っていた年俸と同じくらいでは前田の評価が下がる」と気遣ってくれ、「今なら、まだ日本に戻れるから」と言ってくれましたが、僕にその道はあり得なかった。契約内容に関しては代理人の力がなかったのではなく、あくまでも僕の意志でした。

僕がこの選択をした意味は他にもあります。

きっと、僕の基本年俸は日本人でポスティング移籍をした選手のなかでは最低ラインでしょう。だけど、今後、メディカルチェックで異常が見つかってしまった選手が自分と同じ方法で契約までこぎつけられるかもしれない。

メジャーに移って故障してしまったら意味がない。インセンティブの制度そのものが日本人に適用されなくなるかもしれないという危機感のもと投げていた部分は正直あります。

でも、先発ローテーションを守り、16年は16勝することができた。そのことによって、僕と同じケースの選手が現れても「この程度なら大丈夫だ。ドジャースの前田は1年目に活躍した」とインセンティブで契約できるかもしれない。この「マエケンパターン」はいい前例ではないかもしれませんが、最低ラインは確保できたと信じています。

その分、毎年プレッシャーがあります。僕のインセンティブ契約は8年間ずっと続くので、17年はまた同じ基本給からのスタートで、ゼロから積み上げ直しです。

でも、やりがいがあります。

高い年俸を貰って故障してしまったら球団に申し訳ないですし、活躍すればするだけ年俸が上がるわけですからモチベーションにもなる。「怪我をせずに投げ切るぞ」という責任感も芽生えてくる。しんどいと言えばしんどいですが、僕には合っている契約なんじゃないかなと思っています。

主力として優勝したい

16年9月10日の朝。インターネットを見ると嬉しいニュースが飛び込んできました。広島東洋カープ、25年ぶり7度目のセ・リーグ優勝――。ニュースを読み、試合の映像を見て純粋に嬉しかったし感動もしました。鳥肌《とりはだ》だって立ちました。ただ同時に、寂しさもありました。

「あの胴上げのなかに自分もいたら……」

僕がカープに入団した07年当時からチームは優勝から遠ざかっていて、セ・リーグ6チーム中4位以下のBクラスに終わる年のほうが多かった。僕は2年目から先発ローテーションの一角として投げさせてもらっていましたが、勝てない苦しみを数多く経験してきたつもりです。

「優勝したい」

その一念で投げ続けていたと言っても、決して大げさではないほどです。

だから、僕はある程度、一軍で経験を積み後輩が多くなるとメディアの前でも積極的に「優勝したい」と言うようになったし、自分なりにチームメイトと苦しい想いを共有しながら戦ってきたつもりです。

自分の9年間抱き続けた目標を達成できた喜びを、チームメイトとビールかけをして爆発させたかった。「勝ちたいんです、勝ちたいんです!」という僕の話に何度も付き合ってくれた監督、コーチ陣、そしてなによりファンのみなさんと喜びたかった。嬉しい反面、自分のなかでは消化しきれていない。これが、偽らざる僕の本音です。

だから、ドジャースで優勝できた喜びと

広島で優勝することは、自分にとってはイコールではありません。現時点では別物《べつもの》なのです。

ドジャースでは極端に言ってしまえば「優勝させてもらった」感じ。1年目ということもあり、メジャーリーグやアメリカでの生活に慣れることに集中していたし、いくら16勝したからといって首脳陣から全幅の信頼を得たわけではないと思っています。ポストシーズンでは勝てませんでしたし。

自分としては、まだまだ苦労が足りていないと思いますし、本当にドジャースの一員としてチームに受け入れてもらうためには時間が足りない。だから、これからが大事になってくるわけです。

カープ優勝の輪に加われなかったモヤモヤ感。これを解消するためには、やっぱりメジャーリーグの舞台でワールドチャンピオンになるしかないと思っています。

自分が絶対的な戦力となり、ポストシーズンでもベストパフォーマンスを披露して世界一になる。それが達成できれば、心から優勝を喜べるんじゃないかな、と感じています。ビールかけも魅力的だけど、シャンパンファイトもオシャレですし（笑）。

あとがき

キャッチャーが外角低めにミットを構えて、僕にストレートを要求してきたとします。外角低めのストレートは、コントロール、速度ともに、プロでもそこに正確にボールを投げるのは難しいと思います。歯を食いしばって、自分なりに最も速いストレートを力いっぱい投げ込もうとするとします。恐らくですが、このように投げれば、僕の場合ボールがストライクゾーンから外《はず》れる可能性が高いと思います。

指先、肩、腕に力を入れれば入れるだけ、コントロールが乱れる要素になり得ます。なかなか言葉にするのは難しいのですが、力を抜いて投球モーションに入り、投げる瞬間に「ピッ」と力を入れる。コントロールを重視しながら、キレのいいボールを、打者が実際の計時速度よりも速く感じるようなボールを投げることが大事なのだと僕は考えます。この本のタイトルにもしましたが、それが僕のスタイルのひとつ、「ゆとり」だと思っています。

この本に書かれていることは、当然僕ひとりで培った理論ではないと思っています。野球選手としてだけではなく、生きていく上で様々なアドバイスをしてくださった全ての方々の支えをもとに成り立つものです。これまでお世話になったみなさまに本当に感謝しています。

マエケンはそこまで強くありませんし、偉くもない。ゆとりを持って、日々を楽しく過ごしていきたい。結果を出し続けていくために自分のなかに余裕を作り、その隙間に新たなアドバイスをどんどん取り入れて進化していきたい。これからもその姿勢は、ずっと変わらないと思います。

本書は自分にとっても新たなチャレンジでした。これまでも書籍や監修本を出させていただきましたが、どちらかといえば野球に特化《とっか》した内容でした。ですが、今回は「できるだけ、前田健太の中身も知ってもらえたら」という思いから、自分のプライベートや考え方などを多く盛り込んだつもりです。

最後まで読んでいただいたみなさま、本当にありがとうございました。ひとつの参考例ではありますが、僕の経験が何かのきっかけになればいいなと思っています。

いい時も悪い時もいつも僕を支えてくれるファンのみなさん、これからも、前田健太と野球というスポーツを応援し続けていただけると嬉しいです。

前田健太

前田健太戦績表

年度別投手成績

年度	球団	登板	完投	完封	勝利	敗戦	勝率	投球回	与四球	奪三振	防御率
2008	広島	19	1	1	9	2	.818	109.2	35	55	3.20
2009	広島	29	3	1	8	14	.364	193.0	29	147	3.36
2010	広島	28	**6**	2	**15**	8	.652	**215.2**	46	**174**	**2.21**
2011	広島	31	4	2	10	12	.455	**216.0**	43	**192**	2.46
2012	広島	29	5	**2**	14	7	.667	**206.1**	44	171	**1.53**
2013	広島	26	3	1	15	7	.682	175.2	40	158	**2.10**
2014	広島	27	1	1	11	9	.550	187.0	41	161	2.60
2015	広島	29	5	0	**15**	8	.652	206.1	41	175	2.09
2016	ドジャース	32	0	0	16	11	.593	175.2	50	179	3.48
日本通算(8年)		218	28	10	97	67	.591	1509.2	319	1233	2.39
アメリカ通算(1年)		32	0	0	16	11	.593	175.2	50	179	3.48

・2016年度シーズン終了時
・2008〜2015年は広島東洋カープ、2016年はロサンゼルス・ドジャースでの成績
・各年度の太字はリーグ最高

獲得タイトル

NPB

・最多勝：2回（2010年、2015年）
・最優秀防御率：3回（2010年、2012年、2013年）
・最多奪三振：2回（2010年、2011年）

表彰

NPB

・最優秀投手：1回（2010年）
・沢村賞：2回（2010年、2015年）
・ベストナイン：3回（投手部門：2010年、2013年、2015年）
・ゴールデングラブ賞：5回（投手部門：2010年、2012年、2013年、2014年、2015年）
・最優秀バッテリー賞：2回（2010年：捕手・石原慶幸、2013年：捕手・石原慶幸）
・月間MVP：2回（投手部門：2010年5月、2012年6月）
・JA全農Go・Go賞：1回（最多奪三振賞：2011年6月）
・「ジョージア魂」賞選考委員特別賞：1回（2012年）
・「ジョージア魂」賞：2回（2012年度第1回、2013年度第12回）
・オールスターゲームMVP：1回（2012年第2戦）
・オールスターゲーム敢闘選手賞：1回（2014年第1戦）
・オールスターゲーム・ベストピッチャー賞：1回（2010年第1戦）

MLB

・Topps ルーキーオールスターチーム（右投手部門：2016年）

日本代表

・WBCベストナイン：1回（投手部門：2013年）

装丁／細山田光宣＋グスクマ・クリスチャン（細山田デザイン事務所）
構成／田口元義
表紙イラスト／前田健太
本文イラスト／澁谷玲子
協力／アワーソングス クリエイティブ
編集／湯淺光世、二本柳陵介（幻冬舎）

カバー写真提供：AP/アフロ
本文写真提供：アフロ、AP/アフロ、報知新聞/アフロ、USA TODAY Sports/アフロ

前田健太

1988年4月11日、大阪府生まれ。小学3年生で少年野球チーム「岸和田イーグレッツ」に入団し、野球を始める。中学時代は「忠岡ボーイズ」でプレー、日本選抜チームのメンバーとして世界大会に出場し優勝、MVPに輝いた。PL学園では1年の夏から甲子園のマウンドに立ち「桑田二世」と呼ばれ、3年の春のセンバツではエースで4番としてベスト4に進出。2007年に高校生ドラフト1巡目で広島東洋カープに入団。9年間で97勝を挙げ、最多勝2回、最優秀防御率3回、奪三振王2回、沢村賞2回、ベストナイン3回、ゴールデングラブ賞5回。16年にポスティングシステムによりロサンゼルス・ドジャースへ移籍。16勝をマークし、ナショナル・リーグ西地区の優勝に貢献した。183cm、81kg。右投げ右打ち。ポジションはピッチャー。

ゆとりの美学。
力を抜くこと、サボることを恐れない
2017年4月20日 第1刷発行

GENTOSHA

著　者　前田健太
発行者　見城 徹

発行所　株式会社 幻冬舎
〒151-0051 東京都渋谷区千駄ヶ谷4-9-7

電話：03（5411）6269（編集）
　　　03（5411）6222（営業）
振替：00120-8-767643
印刷・製本所：図書印刷株式会社

検印廃止

ISBN978-4-344-03102-9　C0095
幻冬舎ホームページアドレス http://www.gentosha.co.jp/

この本に関するご意見・ご感想をメールでお寄せいただく場合は、
comment@gentosha.co.jpまで。